# SER Feliz

## GUÍA PARA UNA VIDA CON SENTIDO

RUBÉN BULLÓN

## Pacific Press®
### Publishing Association
Nampa, Idaho | Oshawa, Ontario, Canada

Dirección editorial: Ricardo Bentancur
Redacción: Alfredo Campechano
Diseño de la portada: Emily Harding
Arte de la portada: BigStockPhoto.com
Diseño del interior: Diane de Aguirre

El autor se responsabiliza de la exactitud de los datos y textos
citados en esta obra.

Puede obtener copias adicionales de este libro en
www.libreriaadventista.com, o llamando al 1-888-765-6955

ISBN: 978-0-8163-9086-1

Printed in the United States of America

Septiembre 2022

# Contenido

# Introducción

En mi familia no hacíamos viajes largos en auto, pero en 1989, a mi padre se le ocurrió hacer uno. Mis padres estaban criando cuatro hijos, y viajar con muchachos adolescentes en un auto mediano no era lo mejor para mantener la paz de espíritu ni para la salud mental. De todos mis recuerdos de infancia, ese viaje es uno de los más entrañables, pues nos pasó de todo: problemas mecánicos, falta de combustible, peleas entre hermanos, y algunas "experiencias correctivas".

Nunca más hicimos un viaje como ese. Mi padre había comprado dos casetes de música, solo dos, y los llevó. No había otra forma electrónica de entretenimiento. La señal de radio no cubría territorios tan remotos como aquel donde andábamos, así que no pudimos sintonizar ninguna estación. Pasamos los veinte días del viaje escuchando esos dos casetes. ¡Todavía recuerdo la letra de esas canciones!

La Biblia contiene un sinfín de historias sobre viajes. Desde la salida de Abraham de Ur de los caldeos hacia un lugar que Dios le mostraría para fundar una nueva nación, el pueblo de Dios no dejó de viajar. A Abraham le siguió su hijo Isaac. Luego Jacob, quien en la última etapa de su vida inmigró en Egipto. Después de cuatrocientos años de pausa, Moisés encabezó el que debía ser el mejor de todos los viajes: el retorno a la tierra prometida. Llegó hasta la frontera de Canaán, y murió. Le tocó a Josué introducir a Israel en la tierra ansiada.

Los años pasaron. Israel fue ganando territorio a los cananeos, y los viajes siguieron formando parte de la vida del pueblo. Cada año había tres fiestas religiosas principales en Jerusalén. Todos debían acudir. El pueblo renovaba su relación con Dios y reforzaba su fidelidad en esas fiestas. Los peregrinos formaban grupos grandes para protegerse y auxiliarse en el camino. Para quienes procedían de lugares tan remotos como Dan, en el norte, o Beerseba, en el sur, el viaje era agotador. Pero la alegría de participar en esos actos nacionales de adoración a Dios pronto hacía olvidar el cansancio y las peripecias del camino.

Hoy en día, mis viajes en familia no son agotadores sino placenteros. Subimos a la vagoneta, y cada uno se sumerge en su mundo. Mi esposa y yo vamos hablando de la vida y escuchando nuestra música preferida. Nuestras dos hijas tienen sus propios aparatos electrónicos. Juegan, ven videos, escuchan música, duermen, y repiten todo eso vez tras vez. Cuando tenemos hambre o alguien quiere ir al baño, siempre hay una estación de servicio que suple nuestra necesidad. Paramos y nos recargamos de chips, golosinas y refrescos. Si el viaje es largo y nos cansamos, paramos en un hotel para darnos una ducha y dormir. Al otro día, después de un buen desayuno, seguimos el viaje. Es fácil, ¿verdad?

Los viajes en los tiempos bíblicos carecían de esa comodidad. A veces había que viajar durante varios días. Esas jornadas fatigaban el cuerpo y cansaban el espíritu. No había estaciones de servicio ni hoteles. No había entretenimiento ni *Apple music* para hacer pasar el tiempo. Entonces, ¿qué hacía la gente mientras caminaba?

## Cantar y cantar

El libro de los salmos era el himnario de Israel. Cantar salmos era una buena manera de invocar la protección de Dios y de sentir que el tiempo pasaba más rápido. Había un grupo de salmos especiales para los viajes, pues en ellos Dios es presentado como el protector del viajero. Se les llama cánticos de las subidas, cánticos de los peregrinos, o cánticos de las escaleras, e incluyen desde el Salmo 120 al Salmo 134. Reciben ese nombre porque se cree que eran entonados sobre todo cuando la gente "subía" hacia

Jerusalén, ciudad edificada entre colinas, a 754 metros (2,474 pies) sobre el nivel del mar, en comparación con Jericó, que se halla a 258 metros (847 pies) bajo el nivel del mar, o la zona del mar Muerto, que se ubica a 430 metros (1,411 pies) bajo el nivel del mar. Esos salmos también se cantaban durante la fiesta, mientras subían la escalinata del templo, representando así la subida del peregrino que llegaba a Jerusalén.

Como tema de este libro hemos seleccionado el Salmo 121, una metáfora del viaje de la vida. Esta es su letra:

*Alzaré mis ojos a los montes;*
*¿de dónde vendrá mi socorro?*
*Mi socorro viene de Jehová,*
*que hizo los cielos y la tierra.*
*No dará tu pie al resbaladero,*
*ni se dormirá el que te guarda.*
*He aquí, no se adormecerá ni dormirá*
*el que guarda a Israel.*
*Jehová es tu guardador;*
*Jehová es tu sombra a tu mano derecha.*
*El sol no te fatigará de día,*
*ni la luna de noche.*
*Jehová te guardará de todo mal;*
*él guardará tu alma.*
*Jehová guardará tu salida y tu entrada*
*desde ahora y para siempre.*

## ¿Por qué el Salmo 121?

Me gustan las analogías entre la realidad bíblica y nuestra realidad. Así como el viajero que cantaba el Salmo 121, nosotros también vamos de viaje. Este mundo no es nuestra morada. Dios nos creó para que vivamos aquí, aunque en las condiciones peligrosas y caóticas en que se encuentra el planeta, ya no puede ser nuestro hogar. Nuestro hogar es un mundo perfecto, como todo lo que proviene de Dios es perfecto. Un día viviremos en este mundo, pero en condiciones edénicas. Mientras tanto, el viaje sigue.

Otra analogía es que en este viaje enfrentamos muchas dificultades y peligros, tal como experimentaban los que viajaban por el desierto o recorrían el país en los tiempos bíblicos. Como muchos de ellos, a veces pensamos que el viaje ya no vale la pena. Somos tentados a quedarnos a la orilla del camino, esperando que la casualidad se encargue de nuestra vida, o que la muerte nos traiga el alivio definitivo.

> *Dios te creó para ser feliz. Los problemas que te agobian pronto se van a acabar, y el sol de justicia y de gozo volverá a brillar sobre ti.*

La Biblia narra la historia de la salvación, da a conocer el carácter de Dios y sus planes para nosotros. Esa es su función básica y primaria. Además, contiene enseñanzas secundarias como doctrinas y reglamentos. Sobre todo, me fascina que en la Biblia encontremos una guía para ser felices aquí mientras Cristo vuelve. Sí, has leído bien. La Biblia nos enseña cómo podemos ser felices aquí y ahora, no importa cómo vivamos o dónde estemos.

Mientras cursaba estudios de Teología llegué a entender la belleza de la gracia maravillosa de Cristo. Comprendí que no somos salvos por lo bueno que hacemos, sino por lo que Cristo hizo por nosotros. En mis lecturas del evangelio, advertí que todas las veces que se habla de salvación se habla de fiesta. Un ejemplo de cómo Dios celebra la salvación de sus hijos es el relato acerca de un hijo que se alejó de su familia y malgastó su herencia en un país lejano, pero que recapacitó y volvió a casa. Este hijo pródigo fue recibido con agrado, y su padre organizó una fiesta para celebrar su retorno. En otros relatos, un pastor responsable y compasivo celebra el haber hallado una oveja que se había descarriado; y una mujer que perdió una moneda se alegra cuando la encuentra, y comparte su gozo con sus vecinas (S. Lucas 15).

Por eso no entiendo por qué algunas personas que enseñaban sobre la salvación en la iglesia donde crecí parecían estar siempre tristes, y se concentraban en los reglamentos y no en el gozo de ser salvos. Desde que leí en los evangelios cuánto nos ama Dios y cuánto se alegra por nuestra salvación, me dediqué a estudiar y enseñar que aun en este mundo de dolor y pecado, es posible ser feliz en la vida religiosa.

El Salmo 121 es la historia de un peregrino, un viajero que quiere llegar a Jerusalén, y mientras camina, va narrando la protección que recibe de Dios. Al mismo tiempo, este salmo es una guía para ser felices mientras enfrentamos circunstancias adversas. Te invito a viajar conmigo. Estudiaremos juntos algunos conceptos que te ayudarán a entender cómo vivir, cómo ajustar tu pensamiento a la Escritura y, en especial, como depender más y más de Dios en tu búsqueda de felicidad.

Mientras escribo las últimas líneas de la introducción de este libro, pienso en ti. No puedo ver tu rostro, pero puedo imaginar los problemas que enfrentas. Quizá tengas alguna dificultad en concentrarte para leer, tal vez no tengas deseos de leer nada de esto. Por favor, lee con detenimiento esta línea: Dios te creó para ser feliz. Los problemas que te agobian pronto se van a acabar, y el sol de justicia y de gozo volverá a brillar sobre ti.

Ven conmigo en este viaje. Estoy seguro de que va a ser muy provechoso y muy interesante. Es hora de comenzar.

# Dedicatoria

A mi esposa, Leni Bullón. Eres mi mejor versión, mi mejor amiga y mayor apoyo. A veces me pregunto, ¿dónde estaría sin ti?

A mis hijas, Julia y Laura, que son la respuesta de Dios a mis oraciones. Ustedes son mucho más de lo que pude imaginar.

A mis padres, que han sido, son y serán mi modelo e inspiración.

A mis hermanos, con quienes viví la niñez más feliz que alguien pudo tener.

A mi iglesia y a la Asociación de Illinois, por creer en mí y darme el privilegio de servir.

A todos los que conforman mi comunidad virtual. Gracias porque son parte de mi vida.

Y a ti, que estás leyendo este libro. Ojalá un día nos podamos conocer personalmente y saber que Cristo es tu verdadera felicidad.

# Capítulo 1

# Alza tus ojos

La vida es un viaje, un largo viaje en el que nunca se puede estar plenamente preparado para lo que va a surgir en el camino. ¿Cuántas veces has planeado minuciosamente tu viaje de vacaciones y en las primeras dos horas todos los planes se han venido abajo?

Eso me pasó cuando iba a Brasil a presentar unas conferencias en una universidad. Hacía veinte años que me había graduado en esa casa de estudios. Volver a ese lugar tan entrañable era algo muy especial para mí, y también para mi esposa. ¡Nos conocimos en esa universidad cristiana! ¡Ahí nos enamoramos! Nuestro viaje de la vida comenzó en los pasillos de ese inolvidable lugar. Hicimos los arreglos necesarios con el empleador de mi esposa y con la dirección de la escuela de nuestras dos hijas para tener libre la semana y emprender esa aventura por nuestro pasado.

Les habíamos contado a las niñas muchas historias de la juventud que vivimos en el Centro Universitario de Sao Paulo (UNASP), en la ciudad de Engenheiro Coelho, São Paulo, Brasil. Julia, mi hija mayor, estaba muy interesada en ese viaje. Unas semanas antes me había preguntado qué edad era la correcta para tener novio, y tenía curiosidad por conocer el lugar donde sus papás comenzaron su romance.

Llegó el día del viaje. Debo decir que mi esposa es muy organizada. Lleva control de todas las fechas y de nuestros documentos personales. Tiene una carpeta especial en un lugar de la casa, desconocido para mí, donde guarda todos nuestros documentos. Ahí están todos los pasaportes que he tenido en mi vida, así como los de ella y los de nuestras hijas. Un día le eché una mirada a esa carpeta, y encontré mis documentos peruanos: mi acta de nacimiento, los papeles de mi liberación del servicio en las fuerzas armadas peruanas, las vacunas que me pusieron en la niñez, los informes médicos, y otros tantos papeles que no sabía ni siquiera que existían todavía.

El día del viaje, ella se hizo cargo de todos los pasaportes. Aunque somos cuatro, tenemos cinco pasaportes. En ese tiempo, solo mi hija más pequeña era ciudadana estadounidense, ya que nació en Portland, Oregón. Pero, como es hija de ciudadanos brasileños, el gobierno de Brasil requiere que ella también tenga pasaporte brasileño. Así que yo tenía mi pasaporte peruano, mi esposa y nuestra hija más grande tenían sus pasaportes brasileños, y mi hija más pequeña sus dos pasaportes, el brasileño y el estadounidense.

*Muchas personas no comprenden que en el viaje de la vida todos pasamos por problemas.*

Llegamos temprano al aeropuerto para registrar nuestra salida, pasar al salón de abordaje, y tomar una nieve antes de subir al avión.

Entregamos los pasaportes. Las chicas estaban felices. Mi esposa sonreía. Detrás de nosotros, en la línea, había otras familias felices. Parecía que no habría ningún problema. Teníamos paz y tranquilidad, pero esa paz y tranquilidad se desvanecieron cuando escuché las palabras de la empleada de la aerolínea:

—Falta un pasaporte —dijo.

—¿Qué dice? —pregunté incrédulo.

—Señor, aquí tiene cuatro pasaportes, pero solo para tres personas. Falta el pasaporte de la señorita Julia.

Mi esposa tiró su cartera al piso, se arrodilló y comenzó a buscar. Es interesante ver a una dama buscando algo en su cartera. En esa bolsita de cuero pueden haber galletas, un paraguas, monedas extranjeras, libros, estuches para los lentes, pañuelos... y la lista es interminable. Mi esposa encontró todo... menos el pasaporte.

¡No habíamos comenzado el viaje y ya teníamos problemas! Era hora de enfrentar el primer obstáculo en nuestro viaje.

Muchas personas no comprenden que en el viaje de la vida todos pasamos por problemas a los que, metafóricamente, llamaremos valles.

## "Alzaré mis ojos a los montes; ¿de dónde vendrá mi socorro?" (Salmo 121:1).

Cuando un viajero alza la mirada y lo único que ve son montes, es porque va pasando por un valle. Los valles son depresiones sobre la faz de la tierra. Pasar por los valles era común para los viajeros de los tiempos bíblicos.[1] Muchas de las rutas comerciales, como el camino del rey, el camino del Jordán, o el camino del mar, llamado también *Via Maris*, pasaban por valles. Era en esos valles donde los criminales atacaban al viajero solitario, y los ejércitos enemigos se juntaban contra Israel. Así que pasar por esos valles significaba lidiar con problemas.

En la Biblia, los valles tienen que ver con luchas y problemas. Cierta vez, los israelitas se enfrentaron a los filisteos en el valle de Ela, entre los montes de Soco y Azeca. Antes de la batalla, el ejército hebreo temblaba ante Goliat, un poderoso guerrero filisteo que proponía un duelo personal para resolver el conflicto. Durante cuarenta días, Goliat repitió su reto a grandes voces, hasta que llegó David, un joven que ni siquiera era soldado, y lo venció (ver 1 Samuel 17).

Fue en un valle donde Jacob luchó con Dios casi toda una noche, pues lo confundió con un enemigo mortal. Aunque no podía ganar, Jacob no se daba por vencido. Y cuando advirtió que su "contrincante" era un Ser divino, se aferró a él, ya no para pelear sino para implorar el perdón de sus pecados y pedir su bendición. Fue una experiencia de angustia extrema por la que tenía que pasar si quería un cambio en su vida (ver Génesis 32).

El libro de Apocalipsis se refiere a la batalla del Armagedón como la batalla final entre el bien y el mal (ver Apocalipsis 16). Armagedón quiere decir Valle de Meguido. El conflicto final entre el bien y el mal será tan aterrador que cuando se habla del fin del mundo se usa el término Armagedón. Esta batalla despierta tantas expectativas que ha llegado a ser tema de libros y películas.

Pero la porción bíblica más conocida en la que se alude al valle como algo tenebroso se halla en el libro de los salmos. Ahí David lo llama "valle de sombra de muerte", pero declara su confianza: "Aunque ande en valle de sombra de muerte, no temeré mal alguno, porque tú estarás conmigo; tu vara y tu cayado me infundirán aliento" (Salmo 23:4).

## Todos pasamos por valles

Es inevitable. Tarde o temprano, todos pasamos por valles. Es posible que tú, que estás leyendo este libro que un vecino te regaló, estés pasando por uno de esos valles difíciles. Tal vez tu matrimonio no está funcionando bien, quizás estás en casa en un día de trabajo, leyendo este libro porque has perdido el empleo. Tratando de no volverte loco sin saber qué hacer, comenzaste a leer para pasar el tiempo mientras tu esposa llega.

Quizás estás leyendo este libro en una de esas madrugadas interminables en que esperas a tu hijo que no llega a casa, o una llamada de tu hija que nunca se comunica. Eran niños tan amorosos, tan buenos y respetuosos, y de repente se transformaron en criaturas silenciosas, misteriosas, y un poquito groseras. Durante los fines de semana pasas las madrugadas pensando en dónde estarán o a qué horas llegarán, y para gastar el tiempo abriste este libro. Seas quien seas, hay valles en tu camino, y no hay nada que puedes hacer para eliminarlos de tu vida.

Todos pasamos por ahí: el rico, el pobre, el hombre, la mujer, el joven, el adulto. No hay nada más democrático que los problemas. Ellos alcanzan a todos en todo lugar, de toda clase social, género y raza.

Durante los últimos 25 años que he servido como pastor y consejero he escuchado muchas veces estas palabras: "Pastor, el día que se acaben estos problemas volveré a ser feliz".

Entonces, miro a esas buenas personas con misericordia. Procuro entender su dolor y sus frustraciones, y pienso: *Así nunca serás feliz*. Porque la felicidad no consiste en la ausencia de problemas, pues nunca dejaremos de tener problemas. La felicidad consiste en saber cómo enfrentar los problemas que nos acompañarán mientras vivamos.

> No hay nada más democrático que los problemas. Ellos alcanzan a todos en todo lugar.

## ¿Dónde pones tu mirada?

El secreto del salmista es alzar sus ojos a los montes. Esta idea es lo que llamamos enfoque. ¿En qué te enfocas? ¿Qué estás mirando?

Tuve un colega hipocondriaco. Para él todo era enfermedad. Siempre que lo llamaba por teléfono, comenzaba la conversación con la misma pregunta:

—¿Cómo estás, compadre? —le preguntaba.

Su respuesta era siempre la misma, pero acompañada de una enfermedad nueva. Un día era una migraña insoportable, el siguiente era el riñón, que no le funcionaba bien; la otra semana era el tobillo que le dolía porque la temporada del frío estaba comenzando. El próximo mes era un reflujo que no lo dejaba dormir, o una hernia que le impedía caminar.

Un día lo llamé para conversar, y su respuesta fue diferente.

—Hola, compadre, ¿cómo estás? —le pregunté, esperando escuchar la enfermedad de turno.

—Aquí, recibiendo la visita de una amiga de la niñez.

—¿En serio? —respondí sorprendido—. ¿Y cómo se llama esa amiga? —pregunté animado.

—¡Sinusitis!

¿Conoces personas como estas, para quienes todo es

enfermedad, tristeza y dolor? Personas que cuando sale un sol radiante se lamentan por tanto sol. Si está lloviendo, se lamentan por tanta lluvia. Si está nublado, se quejan de que el día es sombrío.

El problema de esa gente no son los problemas, sino un enfoque exagerado de la realidad. Y su actitud negativa. Para ellos todo es problema. Son como niños que se cortaron mientras jugaban, les salió una gotita de sangre, y rompen en un llanto de muerte. Si has tenido hijos, sabes a qué me refiero. La niña se corta jugando y le sale un poquito de sangre, pero el llanto y los gritos parecen de un dolor de parto. Lo único que se puede ver es esa gotita de sangre en el dedo, pero llora como su estuviera a punto de perder la vida. Cuando yo era niño lloraba así, de manera escandalosa, hasta que escuchaba la suave voz de mi mamá que me decía:

*Levanta tu mirada ahora mismo, y mira a Dios… Observa cuánto te ama el Dios Todopoderoso.*

—Ya, hijito, deja de llorar o te voy a dar una verdadera razón para llorar.

El salmista dice: "Alzaré mis ojos a los montes". No dice "a la casualidad". Hay una razón para mirar los montes.

Desde los primeros días del pecado, la gente creyó que los dioses vivían en las montañas; por eso casi todos los santuarios y todos los actos de culto se hacían en los montes. Durante un viaje, al pasar por los valles, el viajero podía ver en los montes altares levantados a los dioses para obtener su protección. La expresión *El Shaddai* quiere decir Dios Todopoderoso. *Shaddai* viene de la raíz hebrea *Shaddu* que quiere decir montaña. *El Shaddai* es el Dios Todopoderoso, y es también el Dios de la Montaña.

Dios a menudo llamó a su pueblo a adorarlo ofreciéndole sacrificios en algún monte (ver Génesis 22:2). El templo de Dios en Jerusalén fue construido sobre un monte: el monte Moriah. "Comenzó Salomón a edificar la casa de Jehová en Jerusalén, en el monte Moriah, que había sido mostrado a David su padre" (2 Crónicas 3:1).

El salmista nos enseña que el secreto para pasar a salvo por los valles de dolor, de tristeza y de frustración, de enfermedad o de separación, es dejar de mirar hacia abajo, amilanados por la adversidad, o buscando en el piso o en la suerte la solución del problema.

Me arriesgo a decir que el hecho de que no eres feliz no es porque tienes muchos problemas, sino porque estás mirando al piso, o tal vez al espejo, mientras lloras y ruegas por justicia. Mirar al piso jamás te va a dar la solución a tus problemas.

Levanta tu mirada ahora mismo, y mira a Dios. Mira su grandeza, mira su majestad, pero más que eso, observa cuánto te ama el Dios Todopoderoso. Te ama más de lo que puedes entender, más de lo que puedes aceptar.

"El corazón de Dios suspira por sus hijos terrenales con un amor más fuerte que la muerte. Al dar a su Hijo nos ha vertido todo el cielo en un don. La vida, la muerte y la intercesión del Salvador, el ministerio de los ángeles, las súplicas del Espíritu Santo, el Padre que obra sobre todo y por todo, el interés incesante de los seres celestiales, todos son movilizados en favor de la redención del hombre".[2]

Te invito a levantar tus ojos. Mira a Cristo. Piensa en su amor por ti. Si caminas de su mano, podrás enfrentar todos los problemas que surjan en el camino, seguro de que, al fin, lograrás la victoria sobre ellos.

Volvamos al aeropuerto. Mi esposa se levantó. Estaba llorando. Y me dijo en voz muy baja:

—Dejé el pasaporte de Julia en casa. ¿Qué hacemos? ¿Habrá tiempo de volver a casa?

—No —contesté, intentando contener las lágrimas.

—¿Qué hacemos? —me preguntó mientras me abrazaba.

Su pregunta era un clamor. Su clamor era si yo podría decirle a Julia lo que estaba pasando.

## Ser feliz

Llamé a mi hijita, le dije lo que estaba pasando, y que no podría viajar conmigo. Ella abrazó a su mamá y comenzó a llorar. Y en medio de su llanto decía:

—¡No es justo, papá! ¡Te olvidaste de mi pasaporte! ¡No es justo!

*"No estoy preocupada, papá. Estoy contigo. ¿Por qué me voy a preocupar?"*

Logramos cambiar su boleto y el de mi esposa para el día siguiente. Yo tenía que viajar ese día, porque las conferencias comenzarían al día siguiente.

La empleada de la aerolínea, con gran amabilidad, intentaba tranquilizar a mi hija y a mi esposa. Mi hermano, que manejaba el auto, abrazaba a mi hija y la invitaba a tomar un helado, procurando atenuar su amargura.

Era hora de abordar. Abracé a mi esposa y le di un fuerte abrazo a mi hija mayor. Agarré mi mochila y tomé la mano de mi hijita más pequeña. Estaba entretenida con mi teléfono mientras el mundo se nos venía abajo.

Pasamos por seguridad y llegamos a la sala de abordar. Me senté con mi hijita Laura para tomar un helado antes de subir al avión. Me preguntaba por qué ella estaba tan tranquila, y le pregunté:

—Hijita, ¿te diste cuenta de lo que pasó con tu hermana?

—Sí —contestó con una sonrisa.

—¿Y no te preocupaste?

—Sí, estoy triste porque mamá y Julia no pueden viajar con nosotros. Sería mucho mejor si estuvieran aquí.

—Pero no te ves preocupada, hijita.

—No estoy preocupada, papá —dijo mientras se limpiaba la boca con una servilleta—. Estoy contigo. ¿Por qué me voy a preocupar?

¡Eso es precisamente lo que el salmista quiere enseñarnos! Levanta la mirada. Estás con Dios. Aunque no lo sientas, estás con él. Aunque no lo veas, estás con él. Aunque te sientas abandonado y perdido en la vida, Dios está contigo. El Dios Todopoderoso te sostiene en sus brazos. No tienes nada que temer. Sigue adelante sin miedo. Tú puedes ser feliz.

---

1. Paul J. Achtemeier, *Harpers's Bible Dictionary*, Harper & Row and Society of Biblical Literature (San Francisco: Harper & Row, 1985), p. 1109.

2. Elena G. de White, *El camino a Cristo* (Nampa, Idaho: Pacific Press Publishing Association, 1993), p. 21.

## Preguntas para reflexionar

1. ¿Cuál era el riesgo de pasar por los valles de Israel en la antigüedad?

2. ¿Qué significa el nombre "salmos de las subidas"?

3. ¿Qué quiere decir la expresión *El Shaddai*?

4. ¿Cuál es el secreto para pasar seguros por el valle del sufrimiento?

5. ¿Quiénes se han movilizado para salvar al hombre del pecado y el sufrimiento?

# CAPÍTULO 2

# Socorro divino

Llovía intensamente. Los golpes del agua y el viento en las ventanas y el techo eran ensordecedores. Gonzalo caminaba de la sala a la cocina, de prisa y sin pausa. Estaba solo. Su esposa y sus hijos se hallaban en la casa de sus suegros. Aunque no había comido en todo el día, no tenía hambre. Su cuerpo estaba anestesiado por las preguntas que intentaba contestar él mismo mentalmente. El ruido de la lluvia era como la voz de una multitud que gritaba exigiendo explicaciones.

*¿Cómo llegué a esta situación?* —se preguntaba mientras arrastraba una silla del comedor y se sentaba.

Gonzalo siempre había sido buen hijo, un buen cristiano, un buen estudiante, un buen ciudadano, un buen esposo, un buen padre. Siempre había intentado portarse lo mejor. Comprometido al máximo con su familia, había dejado todo en la cancha de la vida.

La crisis económica en su país había afectado a todos. Él era otro número más en las estadísticas de desempleo. Aunque desempleado, luchaba todos los días por traer a casa lo mejor. De niño, Gonzalo enfrentó muchas limitaciones, aun tiempos de hambre. Juró que nunca permitiría que pasara lo mismo a sus hijos. Salía temprano de casa todos los días. Iba de un lado a otro buscando qué hacer, un trabajito, una "*chamba*".

Con el tiempo, esos trabajitos fueron disminuyendo, hasta que se acabaron. La voz de su esposa pidiendo dinero para comprar pan y el llanto de sus hijos hambrientos eran como un cuchillo que hurgaba en sus entrañas.

En esa desesperada situación, le pidió a su esposa que durante algún tiempo se fuera a vivir con sus padres en el campo.

—Allá siempre hay que comer —les decía a sus hijos mientras los despedía.

Ahora, sentado en la cocina de su casa, sentía que el aguacero no estaba solo afuera sino también dentro de su alma. Comenzó a llorar. Se agarraba los cabellos mientras susurraba algunas frases a medias.

—Cómo... por qué... ¿Qué hago, Dios mío?

De repente, Gonzalo gritó. El diluvio de emociones lo hizo explotar como los truenos de la tormenta.

—¡Ah... Dios! ¿Dónde estás? Necesito ayuda... No sé qué hacer.

Una de las frases más pronunciadas en la desesperación, más incluidas en las oraciones de todos los tiempos es esta: "Necesito ayuda". Yo ya la pronuncié; tú también; y me atrevería a decir que, ahora mismo, mientras te identificas con Gonzalo, estás diciendo lo mismo: "Necesito ayuda".

## "Mi socorro viene de Jehová, que hizo los cielos y la tierra" (Salmo 121:2).

Antes de avanzar, permíteme proponerte un concepto que he aprendido acerca de la Biblia: Nada de lo que la Biblia dice está ahí por casualidad. Cada detalle importa, tiene mucho que enseñar. Voy a repetir ese concepto algunas veces durante nuestro viaje por estas páginas.

En el versículo 2 del Salmo 121 encontramos al salmista seguro de que necesita ayuda, y selecciona bien sus palabras. No dice: "Si por ventura llego a necesitar ayuda". Ni dice: "Cuando necesite ayuda". Tampoco dice: "El día que necesite ayuda". Para el salmista, la necesidad de ayuda es tan segura como el hielo es frío. No hay escenario donde no necesitemos ayuda. Seas niño o joven, seas adulto o anciano, necesitas ayuda. Seas hombre o mujer, necesitas ayuda. Seas rico o pobre (aunque en las redes sociales te mires como rico), necesitas ayuda.

Lo que mucha gente tiene dificultad para aceptar, y quizá por eso no son felices, es que no hay quien no necesite ayuda. Lo expresaré de manera más directa y clara: Todos tenemos problemas. Es imposible no tenerlos. Como Gonzalo, puede que seas la mejor persona del mundo, puedes ser el mejor padre o la mejor madre, puede que seas el más santo de los cristianos, el mejor de los trabajadores o el jefe más justo del mundo; al final del día tendrás problemas.

En mis cuentas de medios sociales recibo muchos mensajes. Intento leer todos, y te puedo decir que la mayoría de esos mensajes son de personas que enfrentan algún problema. Son mensajes de madres que no saben qué hacer con sus hijos atrapados en la drogadicción, de cónyuges que no saben cómo perdonar la infidelidad de su pareja. Son de jóvenes que lidian con la depresión, de ministros que luchan con las frustraciones, de hijos preocupados por la precaria salud de sus padres. Parece que, en un mundo que intenta salir de una pandemia, las enfermedades emocionales están tomando el lugar del coronavirus, generando una nueva pandemia de depresión y ansiedad, de miedo, fobias y muchas otras condiciones mentales. ¿Qué se puede hacer?

## Tu socorro viene

El salmista presenta aquí otra certeza: Todos tenemos problemas y necesitamos ayuda, pero nuestra ayuda está en camino.

*Bueno, Rubén* —pensarás tú—, *creía que en este libro que mi vecino me regaló, ustedes me iban a pedir que me uniera a su iglesia. Estoy seguro de que en las próximas líneas me vas a decir que, para recibir ayuda, "tengo" que ser miembro de tu iglesia. ¿Verdad?*

No te voy a decir nada de eso ahora. Quizá más adelante, cuando nos conozcamos mejor, pero no ahora. Solo quiero decirte que la certeza del salmista es que nuestro socorro viene. Sin condición alguna, nuestra ayuda viene, y viene de Dios.

Permíteme contarte un poco acerca de Dios. El Creador no es

un Dios de algunos solamente. Uno de los versículos más famosos de la Biblia se halla en el Evangelio según San Juan, y asegura que "amó Dios al mundo" (S. Juan 3:16). Sí, amó a todo el mundo.

Ese verso forma parte de una charla entre Jesús y Nicodemo, un gran líder religioso judío. Para el judío de ese tiempo, Dios no amaba al mundo. Amaba al judío. Y no amaba a todos los judíos, solo a los judíos que se portaban bien, que guardaban la ley, que daban limosna en el templo, que oraban en público, que ayunaban y cumplían muchas otras reglas religiosas. Es lamentable que algunos sigan pensando de esa manera. En el mundo religioso mucha gente piensa que para que tú recibas la bendición de Dios, debes ser miembro de una iglesia, o de "mi" iglesia. ¡No es así!

*Las bendiciones de Dios son para todos. Dios ama al mundo entero, a todos los habitantes de este planeta azul.*

Las bendiciones de Dios son para todos. Dios ama al mundo entero, a todos los habitantes de este planeta azul. Si crees en Dios, él te ama. Si no crees, él te ama. Si vas a una iglesia, Dios te ama. Si no vas a ninguna iglesia, él te ama. Dios te quiere ayudar, te quiere bendecir. Quiere que el problema que está lacerando tu alma se acabe para siempre.

Muy a menudo sucede que nosotros no queremos la ayuda de Dios. Buscamos en otro lado, con otras personas, de otras maneras. El ser humano es terco, y en esa terquedad decide buscar por sí mismo una solución para sus problemas. En realidad, nuestro problema no son los problemas sino cómo reaccionamos a ellos.

Estamos endeudados, y pensamos que un préstamo es la solución. Somos infelices en el matrimonio, y pensamos que el divorcio es la solución. Estamos tristes, y pensamos que un trago es la solución. Nos deprimimos, y pensamos que una pastilla es la solución. Actuamos como si supiéramos la receta para todos los problemas de la vida.[1]

Gonzalo pensaba así. Su vida se había convertido en un

desastre, no podía ver solución alguna, estaba deprimido y sin ganas de seguir luchando, le dolía que sus hijos se avergonzaran de un padre que no podía comprar una sola barra de pan, aunque a la vez lo amaban y lo extrañaban.

Solo, en la cocina de su casa, Gonzalo vio una luz deslumbrante: la luz de un relámpago que precedió a un trueno estremecedor. Con esa luz le sobrevino una idea. Se apresuró hacia la recámara. Abrió el desvencijado armario y se puso a buscar. Encontró una caja, la abrió y sacó una vieja pistola. Nunca la había usado. La había comprado en los buenos tiempos, para tener algo de protección. Volvió a la cocina y cargó la pistola. Era una "buena" solución. Su esposa y sus hijos vivirían mejor con sus suegros. Según él, esa era la única solución.

Mientras escribo, pienso en ti. Procuro imaginar el problema con el que lidias. Quizá tú también estás pensando que todo lo que te pasa no tiene solución, o tal vez, como Gonzalo, has concluido que la única solución es una solución radical, final.

## La solución de Dios

Dios tiene una solución para tu problema. Él quiere ayudarte. Nunca pienses que llegaste al final del camino o que ya no tienes más solución si aún no has visto lo que Dios puede hacer en tu vida.

"¡Ya no sé qué hacer!" es una de las frases que más he oído durante mi servicio pastoral. Cuántas veces yo mismo he dicho esa frase. Cuántas veces, arrodillado en mi casa, con lágrimas en los ojos, susurré esas palabras.

Por favor, lee bien lo que te voy a decir: Dios tiene un plan para tu vida, y él quiere realizar ese plan. Por favor, no permitas que los pensamientos negativos o la falta de esperanza te arrebaten el timón de tu vida. Ahora mismo, dondequiera que estés, deja que Dios comience a hacer una obra especial en ti.

—Pastor —me decía una persona—, creo que ni siquiera

Dios tiene una solución para mi problema.

*Si hoy buscas a Dios y le pides ayuda, verás que él puede hacer posible lo imposible, que la prueba que enfrentas puede ser el comienzo de algo mejor.*

Pero el salmista declaró: "Mi socorro viene de Jehová, que hizo los cielos y la tierra".

Durante el viaje, cuando las personas alzaban sus ojos a los montes y veían los altares de adoración a Dios, también podían ver altares de adoración a los ídolos. En los tiempos bíblicos, los paganos adoraban a la tierra, a la lluvia y a un sinfín de cosas, aun a los montes.

Lo que el salmista intenta decir es que nuestro Dios, el Dios que está a tu lado ahora mismo mientras lees este libro, es Dios de dioses. Nuestro Dios es más grande que la tierra, la lluvia y los montes. Es más fuerte que la depresión, que el cáncer, la diabetes o el COVID-19. Es más poderoso que la infidelidad, el divorcio o cualquier problema que esté lastimando a tu familia, a tu cónyuge o a tus hijos. Él es Dios soberano sobre las deudas, las crisis financieras, el desempleo y la inflación. Es un Dios más fuerte que las ideologías políticas, los presidentes y los reyes. Es el Dios creador del cielo y de la tierra.

La expresión "cielo y tierra" no se refiere solo al cielo y a la tierra donde estamos ahora. Esa expresión se refiere a todo el universo.[2] Dios es Dios, y nada es más grande que él. Puedes confiar en que todos tus problemas, por grandes que sean, no pueden impedir la obra de Dios en ti. Si hoy buscas a Dios y le pides ayuda, verás que él puede hacer posible lo imposible, que la prueba que enfrentas puede ser el comienzo de algo mejor. Dios puede cambiar todas las cosas en tu vida si le das permiso y le clamas: "Ayúdame, Señor".

Los truenos arreciaban en frecuencia y fragor, la lluvia se tornaba más intensa, y los pensamientos de Gonzalo se volvían cada vez más irracionales y funestos. *Necesito ponerle fin a todo esto. Es la única solución* —decía, mirando la pistola.

Su corazón latía intensamente. Sudaba. Tenía la garganta seca. Se levantó para buscar un vaso de agua. Apuró el agua del primer vaso. Volvió a llenarlo y caminó hacia la mesa. Entonces vio la radio que su esposa escuchaba todos los días mientras hacía sus quehaceres. Sintió ganas de despedirse de ella. Prendió la radio para "sentir" la presencia de su amada compañera. Y entonces, Dios habló con Gonzalo.

*Quitarte la vida jamás será la solución de Dios para tu vida.*

*Tu vida es preciosa, tú eres importante, el mundo no es el mismo si tú no estás en él.*

—*Quitarte la vida no es la solución para tus problemas* —decía la voz en la radio.

Gonzalo se sentó, asustado. Sus manos comenzaron a temblar cuando la voz en la radio volvió a decir:

—*Quitarte la vida jamás será la solución de Dios para tu vida. Tu vida es preciosa, tú eres importante, el mundo no es el mismo si tú no estás en él.*

Gonzalo sintió rabia:

—¿Mi vida es preciosa? ¿Soy importante? ¿Quién dijo eso? —gritaba, mirando a la radio como si estuviera hablando con alguien—. ¡Yo no soy nada, no soy nadie, soy un fracasado, soy una vergüenza para mi esposa y mis hijos, y ellos seguramente estarán mejores si yo no estoy aquí!

Ahora su voz expresaba furia, desesperación y frustración. Su llanto era la lluvia, sus gritos eran los truenos de un mundo interior que se caía a pedazos. Metió las manos en los cabellos y tiró de ellos con fuerza mientras que, en su mente, arreciaba la lucha entre la desesperación y la esperanza.

—*Tú no eres nada de eso que estás pensando. Eres un hijo de Dios, y él te ama. Te ama más de lo que puedes entender, más de lo que puedes aceptar, y si clamas a él ahora mismo, verás que el milagro puede suceder, y Dios te va a ayudar* —continuó implacable la voz en la radio.

—¡Mentira! ¡Puras mentiras! —gritó Gonzalo, enfurecido con la voz.

Me sorprende que Dios esté dispuesto a escuchar aun nuestras palabras más irreverentes. Pero así es el amor de Dios por ti. Te ama tanto que oye cada clamor de tu corazón.

Gonzalo se levantó con tanto apuro que tiró la silla al piso. Con una mezcla de rabia y esperanza hizo una oración: "Si de verdad me amas y tienes un plan para mi vida, si no quieres que me pegue un balazo en la cabeza y acabe con mi miserable vida, mándame ahora mismo un ángel que me diga todo eso, aquí, en la cocina de mi casa. ¡Te desafío a que hagas eso!"

A pesar de la lluvia y los truenos, hubo un silencio. Se podía oír el reloj de la cocina dando su monótono concierto de una nota. Gonzalo miraba la radio, esperando una respuesta; miraba el reloj, esperando un milagro. De pronto se abrió la puerta. No era un ángel, era su esposa, ¡completamente empapada! Ella percibió un clima pesado en la cocina. Vio la pistola sobre la mesa, luego el rostro de su amado esposo, y palideció.

—¿Qué haces aquí? —preguntó Gonzalo, confuso.

—¿Sabes? —dijo ella—. Esta noche tuve un sueño. Un ángel me decía que volviera a casa porque tú me necesitabas. Desperté angustiada, con el corazón apretado, pensando en ti. Le pedí a mi madre que cuidara a los niños y salí de prisa. Cada minuto en el autobús duraba una eternidad. Pensé que con esta lluvia no iba a llegar, pero en mi mente escuchaba esa voz diciendo: *"Vuelve a casa, Gonzalo te necesita".*

Gonzalo cayó al piso y rompió en llanto, llorando como un niño extraviado. Su esposa corrió hacia él y lo abrazó con un amor tan puro como el amor de Dios. ¡Ella era ese ángel que él pidió, era la respuesta, la ayuda que viene de Dios! Ella le dijo que todo estaría bien, y que juntos saldrían de esa situación.

—¡Prefiero padecer hambre a tu lado que vivir sin ti! —sus palabras sanaban el alma.

Después de algunos minutos y de cobrar nuevo aliento, Gonzalo le preguntó sobre la programación de la radio. Era la Radio Lira, una estación radiofónica adventista de Costa Rica.

El día siguiente era sábado. El sol brillaba en el cielo y en el corazón de Gonzalo. Fueron a la iglesia a conocer "la voz de Dios". Yo estaba predicando en la iglesia de la Universidad Adventista de América Central. Al final del servicio, iba caminando rumbo al apartamento donde me había hospedado cuando escuché que alguien corría detrás de mí. Era Gonzalo con su esposa Jimena. Le extendí la mano para saludarlo. Él no. Él me abrazó como si fuéramos viejos amigos. Cuando me soltó me dijo:

—¡Usted me salvó la vida! Déjeme contarle mi historia.

¡Y qué historia!

---

1. Canción popular usada en el mundo hispanohablante.
2. Robert G. Bratcher y William David Reyburn, *A Translator's Handbook on the Book of Psalms* (New York: United Bible Societies, 1991), p. 1051.

## Preguntas para reflexionar

1. ¿Cuál es una de las frases más pronunciadas en la desesperación, y más incluidas en las oraciones?

2. ¿Habrá alguien que no haya necesitado ayuda alguna vez?

3. ¿A quiénes se ofrece la ayuda divina?

4. Completa la frase: "Nuestro problema no son los problemas sino cómo _____".

5. ¿Cómo escuchó Gonzalo el evangelio que lo salvó del suicidio?

# Capítulo 3

# No resbalarás

Regresaba de una semana de evangelización juvenil en la ciudad de Rolin de Moura, al sur del Estado de Rondonia, en Brasil. Nunca me gustó manejar por las carreteras del norte de Brasil. Están siempre llenas de camiones y autobuses, y entre esas formidables máquinas rodantes, mi auto compacto no tenía muchos derechos y no era nada seguro. Por eso, en esos tiempos viajaba en autobús. Iba de una ciudad a otra, atendiendo las iglesias de ese hermoso Estado brasileño.

Para llegar a casa tenía que tomar dos autobuses. El primero hacía escala en la ciudad de Cacoal. Ahí tenía que esperar un par de horas el segundo autobús, que me llevaría a casa. Mientras esperaba, me acordé de un regalo que me habían dado en la iglesia y lo busqué. Estaba en mi mochila. Era un bonito reloj dentro de una cajita negra muy hermosa. Me lo puse para ver cómo lucía, pero la correa estaba muy grande. *Cuando llegue a casa lo arreglaré* —pensé. Mientras lo estaba guardando, alcé la vista y allí cerca vi un letrero que decía: "Relojería". Faltaban dos horas y media para que mi autobús saliera, así que fui a la establecimiento.

—Buenos días, caballero. ¿Me puede arreglar este reloj?

—Claro que sí —me contestó un señor con amabilidad.

Mientras él trabajaba, me senté a mirar un partido de fútbol en la televisión de la relojería, pensando: *¡Cuán bueno es Dios! Encontré un establecimiento donde, mientras me arreglan el reloj, puedo mirar el fútbol y pasar el tiempo hasta que salga mi autobús. ¡Gloria a Dios! Qué bueno es poder estar en paz.* Al rato escuché que me hablaban:

*Caer al suelo nunca es bueno. Duele.*

—Usted es religioso, ¿verdad?

—Así es —respondí—. ¿Cómo lo supo?

—Porque hace un calor bárbaro, ¡y usted está usando ropa de iglesia! —dijo, sin levantar la mirada.

Seguí con mi partido. Al rato el hombre me preguntó:

—Usted es pastor, ¿verdad?

—Así es. ¿Cómo lo adivinó? —pregunté curioso.

—Porque hace un calor bárbaro, y usted no solo usa ropa de iglesia sino también traje y corbata. Los pastores están locos; ¡usan traje y corbata bajo un tremendo calor!

—Tiene razón —dije con una sonrisa—. ¿Y usted? ¿Asiste a alguna iglesia?

—No. Eso de la iglesia no funciona para mí —contestó triste.

El partido seguía, y se ponía cada vez mejor. Mis ojos estaban pegados a la pantalla. Me hacían falta unas palomitas de maíz, pero no todo puede ser perfecto en la vida. Como prueba de esto, escuché otra vez la voz de Jorge, pues así se llamaba el relojero, solo que ahora hablaba solo, como si dos personas dentro de él se estuvieran peleando.

—Habla con él. ¡Nunca más lo vas a ver! Quizás él te pueda ayudar. Háblale.

Sin quitar mis ojos de la pantalla, vi que movía su silla y se acercaba. Podía sentir su mirada fija en mí. Lo miré, y él comenzó a contarme su vida.

—¿Sabe porque no voy a la iglesia? Porque tengo una adicción que no puedo vencer. No sé qué hacer para salir de esto. He perdido el respeto y el amor de mi familia. Mis amigos no me hablan. Lucho contra lo que soy, lucho todos los días por no volver a hacer lo que siempre hago. Le prometo a Dios que voy a abstenerme, le juro fidelidad, y siempre termino fallando, enlodado en mis pecados, sometido por mis adicciones. ¿Para qué ir a la iglesia si no puedo dejar de pecar? —preguntó con una voz cortada por la tristeza.

## "No dará tu pie al resbaladero" (Salmo 121:3).

Durante el viaje por el desierto, el viajero israelita enfrentaba muchos desafíos: el sol y el viento, la sed y el hambre, bestias y asaltantes. Uno de los peligros más comunes era resbalar y despeñarse por los acantilados. Caer al suelo nunca es bueno. Duele, aunque caigamos sobre un césped muy bien cuidado. Caerse en el desierto, repleto de piedras afiladas que cortaban y lastimaban, era un peligro real, constante. Despeñarse era mortal. Por eso, el guarda de Israel se presenta como aquel que "no dará tu pie al resbaladero". ¿Sabes qué quiere decir eso? Que Dios sabe cuán fácil es para nosotros resbalar en el viaje de la vida.

Una de las razones por las que no somos felices y no logramos nuestros sueños es porque resbalamos. Todos queremos ser buenos y queridos por todos. Todos queremos ser modelos para nuestros hijos, tratar bien al cónyuge y a los amigos. Nos esforzamos, luchamos, prometemos, pero tarde o temprano volvemos a resbalar y a caer, a herirnos, a lastimarnos, y a ellos también.

Piensa por un momento en lo que te voy a preguntar: ¿Cuándo fue la última vez que le prometiste a Dios que ya no cometerías ese acto vergonzoso de ayer? ¿Cuántas veces le has fallado? ¿Cuántas veces volviste al mismo pecado, a la misma impureza? Y no se trata solo de tu relación con Dios. ¿Cuántas veces le prometiste a tú cónyuge que no harías lo que hiciste hoy? ¿Cuántas veces le prometiste que no le hablarías a esa persona con quien acabas de hablar, y que nunca más volverías a ver lo que estabas mirando en tu teléfono? Podría hacerte más preguntas como estas, pero creo que entendiste lo que quiero decir.

Nuestra incapacidad para ser felices tiene mucho que ver con nuestra incapacidad de vivir bajo las expectativas que nosotros mismos creamos.

—¡Cuántas veces le he prometido a Dios mantenerme libre de "eso", pero le fallé! Intento ser bueno, *quiero* ser bueno, lucho con todas mis fuerzas, pero siempre vuelvo a lo mismo. Estoy muy molesto por lo

*Nada malo de lo que hagas puede hacer que Dios se canse de ti.*

que soy —decía Jorge con la voz entrecortada por la emoción.

Dios sabe que resbalamos fácilmente, por eso nos garantiza que no lo permitirá. El guarda de Israel está alerta, para que nunca volvamos a caer, a enlodarnos. ¿Cómo?

Primero, Dios nos dio inteligencia y la capacidad de tomar buenas decisiones. Pero él sabe que necesitamos ayuda, por eso nos prepara esa ayuda extra. "No os ha sobrevenido ninguna tentación que no sea humana; pero fiel es Dios, que no os dejará ser tentados más de lo que podéis resistir, sino que dará también juntamente con la tentación la salida, para que podáis soportar" (1 Corintios 10:13).

Tu pecado te arroja al piso, te aplasta, te revuelca, te ensucia. Te sientes humillado y avergonzado por todo lo que pasó. No puedes mirar a los ojos a tus amigos, a tu cónyuge, a tus hijos. Les prometes que te vas a portar bien, que vas a mejorar, que eso nunca más va a pasar. Sobrevives unas cuantas semanas, hasta que la tentación, que es el vendedor de pecados, llega otra vez, y trae un producto que te gusta. Al principio resistes, pero al rato estás considerando las maneras de practicarlo. La Biblia dice que, en ese momento, el Cielo todo está a tu disposición. Puedes clamar con todas tus fuerzas, o aunque ya no tengas fuerzas, y todo el poder del Cielo se enfocará hacia ti, para que puedas vencer la tentación.

Nuestro pecado entristece el corazón de Dios no solo porque lo ofende, sino también porque él sabe cómo sufrimos y lloramos a causa de esa debilidad. Sabe cómo nos sentimos: sucios, incómodos, avergonzados, apenados. Enlodados. Eso era exactamente lo que me decía Jorge mientras arreglaba mi reloj. Y añadió:

—Pastor, fui a la iglesia buscando libertad de mi pecado. Cantaba, levantaba las manos, lloraba durante los sermones; leía la Biblia, la subrayaba, memorizaba versículos, pero nada de eso funcionó. Siempre volvía al mismo pecado, a la misma adicción, así que pensé que era hora de dejar de ser hipócrita y abandonar la iglesia. "Tiré la toalla", me desanimé, perdí el entusiasmo, perdí la fe.

Es en este punto donde el enemigo saca mucho provecho. Ve tu frustración y la tristeza de tu corazón, y pone en tu mente pensamientos diabólicos que te alejan de Dios y te impiden ser feliz. El enemigo te dice que no vales nada, que jamás vas a superar esa debilidad. Te siembra la duda. "Abandona esa idea de ir a la iglesia —te susurra al oído—. Eso no es para ti. Vas a ser más feliz viviendo tu hábito sin la 'culpa' que la religión te impone".

Entonces observas tu vida, ves tus defectos y pecados, y llegas a la conclusión de que el enemigo tiene razón.

¡En el nombre del Señor Jesús te digo que el enemigo nunca tiene razón! Sí, fallamos; sí, es verdad que pecamos, que la maldad está en nuestra naturaleza, ¡pero el enemigo no tiene razón!

## "Ni se dormirá el que te guarda" (Salmo 121:3).

—Estoy cansado de lo mismo. ¡Ya no puedo más! —me decía Jorge.

Es verdad, nos cansamos de luchar y fracasar, pero el guarda de Israel promete que jamás dormirá, que jamás se cansará de cuidarnos. Tú puedes cansarte, pero Dios no se cansa de ti. Mil veces caíste, y mil y una veces él te levantará. Fallaste un millón de veces, pero Dios te levanta y te pone sobre una roca. Tal como hizo el padre del hijo pródigo en el Evangelio de San Lucas capítulo 15, te viste con ropa nueva, te pone un anillo y sandalias nuevas, y hace fiesta, porque el hijo que estaba muerto ha resucitado, la hija que estaba perdida fue hallada.

Nada malo de lo que hagas puede hacer que Dios se canse de ti. Nada puede alejarte del amor de Dios. En su Carta a los Romanos, el apóstol Pablo pregunta: "¿Quién nos separará del amor de Cristo?" (Romanos 8:35). Y él mismo contesta: "Estoy seguro de que ni la muerte, ni la vida, ni ángeles, ni principados, ni potestades, ni lo presente, ni lo por venir, ni lo alto, ni lo profundo, ni ninguna otra cosa creada nos podrá separar del amor de Dios, que es en Cristo Jesús Señor nuestro" (vers. 38, 39).

Nunca abandonará Cristo a aquellos por quienes murió. Nosotros podemos dejarle y ser abrumados por la tentación; pero nunca puede Cristo desviarse de un alma por la cual dio su propia vida como rescate. Si nuestra visión espiritual pudiera despertarse, veríamos almas agobiadas por la opresión y cargadas de pesar, como un carro de gavillas, a punto de morir desalentadas. Veríamos ángeles volar prestamente en ayuda de estos seres tentados, para rechazar las huestes del mal que los rodean y colocar sus pies sobre el fundamento seguro. Las batallas que se riñen entre los dos ejércitos son tan reales como las que entablan los ejércitos de este mundo, y son destinos eternos los que dependen del resultado del conflicto espiritual.[1]

Ahora mismo, Dios está luchando por ti. Por un lado, el enemigo reclama tu vida, y ante todo el universo grita que le perteneces. Divulga por doquier tus pecados y yerros. Muestra tu historial de mentiras y errores. Ante este poder no podemos hacer nada. La culpa arrasa cualquier posibilidad de reacción. Nos sentimos pequeños, humillados y sin deseos de seguir luchando por una vida pulcra. Pensamos que ya no podemos más y nos preguntamos: *¿Quién me va a aceptar? ¿Es posible que haya perdón para mí?*

—Cuántas veces he caído al piso, de rodillas, después de otra derrota, y sollozando le he pedido a Dios que me quite la vida —me decía Jorge, llorando—. No quiero seguir viviendo así. Mejor me muero y que se acabe todo.

Tal como Jorge y como tú, yo también he sentido el amargo sabor de la derrota, el dolor de la caída, la vergüenza de la humillación. En mis momentos más difíciles pensé que todo estaba terminado, que jamás lograría sobreponerme a mis debilidades. Todos pasamos por lo mismo.

Quizá tú, mi querida amiga, sientes que no tienes más fuerza para seguir. Piensas que has llegado demasiado lejos. Es posible que estés sola a causa de tus errores. Tal vez te encuentres en una cama de hospital porque volviste a lo mismo de siempre. Quizá tú, mi buen amigo, ahora mismo estás en la parada del autobús sin saber adónde ir. Tal vez vas de regreso a casa, después de pasar unos cuantos días con tus hijos. Ellos ya no viven contigo a causa de los mismos errores que jurabas que ya no cometerías. Uno de ellos te lo echó en cara, repitiendo alguna palabra hiriente que muchas veces escuchó en casa.

*Ahora mismo, Dios está luchando por ti.*

No importa la situación en la que te encuentres. Ahora mismo necesitas entender que Dios no se cansa de levantarte, que nunca se cansará de perdonarte, que jamás negará que te conoce. Él te ama más de lo que puedes entender. Te ama con un amor más fuerte que la muerte, y ahora mismo está a tu lado. Ha venido a levantarte y purificarte. "Venid luego, dice Jehová, y estemos a cuenta: si vuestros pecados fueren como la grana, como la nieve serán emblanquecidos; si fueren rojos como el carmesí, vendrán a ser como blanca lana" (Isaías 1:18). Porque, "si confesamos nuestros pecados, él es fiel y justo para perdonar nuestros pecados, y limpiarnos de toda maldad" (1 Juan 1:9).

Le dije unas cuantas palabras alentadoras a Jorge, le regalé un libro y un disco compacto de música cristiana, y oré con él. Luego nos dimos un abrazo.

—Déjeme ayudarlo con su equipaje, pastor —me dijo, enjugando sus lágrimas.

Acepté. Él solo quería estar un poco más tiempo conmigo. Por alguna razón, sintió paz a mi lado, y no quería perder eso. Caminamos hasta el autobús, que ya había llegado. Los pasajeros comenzaban a abordar. Las familias se despedían entre abrazos, besos, y recomendaciones de madres preocupadas por sus hijos.

Le entregué mi equipaje al ayudante del autobús para que lo acomodara en su lugar, y me despedí de Jorge con unas últimas palabras de ánimo y esperanza:

—Dios te ama. No desistas. Ve a la iglesia. Sigue avanzando.

—Claro que sí, pastor. Ojalá nos encontremos otra vez —respondió.

Subí al autobús y busqué mi lugar junto a la ventana. Me acomodé a tiempo para ver a Jorge caminando de regreso a la relojería. Cargaba sobre sus hombros el peso de la incertidumbre, del miedo, pero en su corazón brillaba una chispa de esperanza: la esperanza de que alcanzaría la anhelada victoria.

Nunca más volví a esa ciudad. Nunca más volví a verlo. Mientras escribo las últimas palabras de este capítulo, me acuerdo de él. Han pasado casi veinte años desde que nos conocimos. No recuerdo su rostro. Quizá no lo reconocería si nos cruzáramos en la calle, pero sueño que un día este libro llegue a sus manos, así como soñé con el día en que llegaría a las tuyas. Qué bueno que lo estás leyendo. Quisiera recordarte que Dios te ama, quiero que sepas que es posible y que mereces ser feliz. Quiero que sepas que nada te puede separar del amor de Dios, que muy pronto lo veremos regresar del cielo en gloria y majestad, y que ese día él dirá a cada uno: "Ven, hijo, qué bueno que estás aquí". Y quizá, mientras caminamos por las calles de la ciudad celestial, escucharé una voz que me dice: "Pastor, soy Jorge, de allá, de Cacoal. ¿Se acuerda de mí?"

---

1. *Elena G. de White, *Profetas y reyes*, p. 130.

## Preguntas para reflexionar

1. ¿De qué naturaleza es la tentación?

2. ¿Cómo podemos hallar a Dios?

3. ¿Qué nos promete Dios si confesamos nuestros pecados?

4. ¿Hay algo que nos pueda separar del amor de Dios?

5. ¿Para qué nos llama Dios a cuentas, según Isaías 1:18?

# Capítulo 4

# No dormirá el que te guarda

Creo que nunca me he sentido tan solo como ese día. Estaba terminando una gira de cuarenta días por el corazón de la Amazonia brasileña, en la que había visitado varias iglesias y pastores. Yo era un joven pastor, y me sentía privilegiado de visitar a estos colegas. Los pastores que trabajan en la selva de Brasil son héroes de la fe, gigantes del evangelio.

Había terminado mi última visita en la ciudad de Medicilândia, y era hora de volver a casa. Debía tomar un viejo autobús y viajar cuarenta horas por la carretera transamazónica que recorre todo el Estado de Pará, Brasil. No era un viaje fácil, pero tenía tantos deseos de llegar a casa que no pensaba en la dificultad del trayecto.

En la selva, los autobuses rara vez son puntuales. Su arribo depende de las condiciones climáticas y del estado de la carretera. Pueden retrasarse muchas horas, a veces algunos días. Llegué a la parada del autobús a las 10:30 de la noche, pues el transporte que yo esperaba debía llegar a las 11. Llevaba mi equipaje, y el boleto en la mano. Me sentía feliz de poder volver a casa.

Pero el tiempo pasaba y el autobús no llegaba. A eso de las tres de la mañana, me invadió una profunda tristeza. *¿Será que Dios se olvidó de mí y me dejó aquí en la selva? ¿No podrá mandarme alguna ayuda?* No había con quién hablar, mi teléfono celular no tenía señal, y no había nada abierto a mi alrededor. Mi única compañía eran unos perros callejeros que se sentaron junto a mí. Quizá se sintieron mal al verme solo, y su instinto de protección los llevó a acercarse.

## "He aquí, no se adormecerá ni dormirá el que guarda a Israel" (Salmo 121:4).

Durante el viaje por el desierto, la protección era esencial. Algunos grupos de peregrinos contrataban personal de seguridad. Por la noche, esos guardias permanecían despiertos, vigilando, atentos a cada movimiento sospechoso alrededor del campamento. Los centinelas, como se les llamaba, no podían descansar. Dormir en su puesto de trabajo era una falta que podía costarles el empleo, o incluso la vida.

Imaginemos el viaje de uno de esos centinelas. Durante el día tenía que caminar con los peregrinos, de noche debía permanecer despierto, cuidando el campamento. Era casi imposible que no se durmiera en algún momento. El cansancio es natural, humano. Puedes luchar en contra de muchas cosas, pero no en contra del cansancio. Tarde o temprano, el sueño te va a vencer. Cuando uno tiene sueño, no puede evitar dormirse, y si está muy cansado, no advierte que se está durmiendo.

Con esa imagen en mente, se presenta Dios en este versículo, y dice: "Yo no me canso".

La idea que el salmista transmite es que el guarda de Israel no duerme, tiene sus ojos abiertos todo el tiempo, vigilando y protegiendo a sus hijos. Por contraste, el profeta Elías decía del falso dios Baal mientras sus profetas clamaban por ayuda. "Gritad en alta voz, porque dios es; quizá está meditando, o tiene algún trabajo, o va de camino; tal vez duerme, y hay que despertarle" (1 Reyes 18:27).

Pero la promesa no se limita a la protección de Dios. La manera en que estas palabras se escriben transmite la idea de que el cuidado de Dios no es solo para el pueblo en general, sino, sobre todo, un cuidado individual, específico para cada viajero. Dios tiene su mirada en ti ahora mismo. Sus ojos están fijos en tu vida, en tu familia, en tu hogar. Conoce tus batallas y tus dolores. Te cuida con amor especial, con atención exclusiva.

## No dormirá el que te guarda

La Biblia rebosa de promesas y declaraciones acerca del cuidado de Dios por tu vida:

- Esforzaos y cobrad ánimo; no temáis, ni tengáis miedo de ellos, porque Jehová tu Dios es el que va contigo; no te dejará, ni te desamparará" (Deuteronomio 31:6).
- "Tú eres mi refugio; me guardarás de la angustia; con cánticos de liberación me rodearás" (Salmo 32:7).
- "Dios es nuestro amparo y fortaleza, nuestro pronto auxilio en las tribulaciones" (Salmo 46:1).
- "Jehová está conmigo; no temeré lo que me pueda hacer el hombre" (Salmo 118:6).
- "Torre fuerte es el nombre de Jehová; a él correrá el justo, y será levantado" (Proverbios 18:10).

Como estas promesas, puedes encontrar muchas otras en la Biblia. Es bueno saber que Dios nos cuida y protege, que no se cansa ni duerme. Es reconfortante saber todo eso. Pero hay un problema de interpretación. Cuando miramos nuestra vida, tenemos la impresión de que, si Dios nos cuidara como dice la Biblia, nuestra vida no estaría como está. En mis cuentas de medios sociales recibo muchos mensajes de seguidores con esta misma queja: "Pastor, siento que Dios se olvidó de mí. No es posible que Dios me cuide, si mi vida siga como está".

Son madres que sufren la pérdida de sus hijos, esposos que arrostran la traición y el abandono, trabajadores que han perdido el empleo, personas como usted y como yo, que no logran entender el porqué de lo malo que les está pasando.

Nuestra lógica es interesante, pero errada. Pensamos que porque somos buenos, porque nos portamos bien, vamos a una iglesia, ayudamos a las personas, no merecemos pasar por lo que estamos pasando. El astuto enemigo de nuestras almas se aprovecha de la situación para sembrar en nuestra mente una de sus mentiras: "Dios te abandonó". Y nosotros, ingenuos, terminamos creyéndole.

Comencé a creer en esa mentira a las tres de la mañana. Los vientos de la duda enfriaban mi corazón. Mientras caminaba solo de un lado al otro me quejaba con Dios: *No te pido mucho* —le decía en mi mente—. *Solo quiero volver a casa. No te estoy pidiendo un autobús con aire acondicionado ni un avión privado. Solo mándame el autobús que espero. ¿Por qué me tienes abandonado, aquí, en medio de la nada?*

Estoy escribiendo este libro en mi oficina. Entré y me encerré. Le dije a mi asistente que no dejara a nadie llamar a la puerta. Mientras escribo, pienso en ti. No nos conocemos, pero le pido a Dios que me ayude a verte en mis pensamientos. Puedo ver una sonrisa que comienza a iluminar tu rostro. Hace tiempo que no has tenido ganas de sonreír. La vida ha sido tan desfavorable que las preocupaciones y las lágrimas han sido más que las sonrisas. Me puedo imaginar cuántas veces miraste al cielo y le preguntaste a Dios el porqué de todo eso. *Si Dios me ama* —pensaste—, *¿porque mi vida está así?*

### Razón #1

La primera respuesta a esta pregunta es obvia. Vivimos en un mundo injusto, un mundo de pecado, un mundo en el que el enemigo de Dios y del hombre ha trastornado la moral, el orden, la vida. Un mundo en el que los buenos sufren y los malos parecen prosperar. Un mundo donde el que roba millones nunca sufre, pero el padre que roba un pan para dar de comer a sus hijos es encarcelado durante dos años. No es bueno robar un pan, pero es injusto que el pobre pague con creces, mientras el poderoso, el que sabe jugar con el sistema, nunca paga por nada.

Hace un par de años fui a visitar al hijito de una amiga. El niño tenía dos años y estaba en la unidad de cuidados intensivos a causa de las convulsiones que padecía. Sus padres, amigos míos desde la escuela secundaria, estaban muy preocupados. Mientras caminaba, desde el pasillo pude ver a varios niños conectados a máquinas sofisticadas, luchando por sus vidas, y no pude contener una lágrima. Es injusto que una niña de un añito tenga que luchar por su vida; es injusto que a un pequeñito de tres años le dé leucemia y pierda el derecho de jugar con sus amigos. ¡Es injusto!

Necesitamos entender que el mundo es injusto. Aceptar que este mundo es abusivo, corrupto, racista y muchas otras cosas malas, es vital para poder reducir el sufrimiento.

En mi soledad, mientras las horas pasaban, me preguntaba el porqué de la demora. Me acordé de lo difícil que es manejar en esa carretera, una de las más tortuosas y desafiantes del mundo. El peligro puede saltar en cualquier recodo del camino. Durante muchos años no hubo asfalto en la mayor parte de sus 4,500 kilómetros (2,800 millas). En tiempos de lluvia era prácticamente imposible manejar o transitar por ahí. En sus orillas no había gasolineras ni restaurantes ni talleres. Si una llanta se pinchaba, no había mucho que hacer. Había que esperar otro camión, o un milagro.

> Necesitamos entender que el mundo es injusto. Aceptar que este mundo es abusivo, corrupto, racista y muchas otras cosas malas, es vital para poder reducir el sufrimiento.

Yo sé que tu dolor no va a desaparecer con esa explicación, pero sentí en mi corazón que debía dejar en claro ese punto: A veces perdemos mucho de nuestra vida y de nuestro tiempo culpando a los demás o buscando encontrar al culpable de nuestros dolores y tragedias. Olvidamos que vivimos en un mundo trastornado y envilecido. Si aceptas eso, lograrás tener algo de paz para seguir con tu vida.

Pero esa no es la única razón de que las cosas estén mal. Existe otra razón un poco más dolorosa que esta. Pero, por doloroso que sea, es importante reflexionar en ello.

## Razón # 2

—Pastor, creo que es mejor que venga a casa a dormir un poco. Cada día de esta última semana el autobús ha estado llegando casi a las siete de la mañana. En estos días ha llovido más al oeste, así que el autobús se va a retrasar mucho —me había dicho el pastor local.

—No puedo perder ese autobús —le dije—. El boleto dice que la hora de abordar son las 11 de la noche, y ahí estaré, a las 11 de la noche —contesté con algo de arrogancia.

El pastor Ivar era hijo de esa región del país, la conocía como la palma de su mano. No solo había sido pastor en esa región durante cinco años, sino que había nacido y crecido allí. Conocía cada detalle de ese lugar. Solo con mirar al cielo sabía si llovería o si saldría el sol. Y con solo sentir el aire podía pronosticar el clima del día siguiente. Pero no le quise hacer caso. Pensaba que sabía todo de todo. La juventud nos vuelve ciegos ante algunas verdades.

A las 10:30 de la noche, el pastor Ivar me dejó en la parada. Cuando estaba por retirarse, una vez más, con mucho tacto y con el sincero deseo de ayudarme, me dijo:

—Pastor, no necesita hacer eso. Venga a casa y descanse. Le aseguro que el autobús no llegará hasta que el sol salga.

—Gracias, pero aquí debo quedarme —repliqué con firmeza.

El pastor se fue a casa. Vi el polvo de la carretera desaparecer detrás de su figura. Él se fue a descansar. Yo me quedé. ¡Qué pésima decisión! Esa es otra razón de nuestras desventuras: ¡Nuestra vida está mal por las pésimas decisiones que tomamos!

Dios, en su infinito amor y sabiduría, le ha dado al ser humano el don del libre albedrío. Eso quiere decir que el que está a cargo de tus decisiones eres tú mismo. Nadie puede tomar decisiones por ti. Es tu privilegio, pero ese privilegio implica responsabilidad: la responsabilidad de lidiar con las consecuencias de tus decisiones.

La tercera ley de Newton es conocida como la ley de la acción y la reacción. Es un principio que se encuentra en la naturaleza y que mantiene el balance general. Se trata de un concepto divino. El apóstol Pablo lo presenta de una manera interesante cuando escribe: "Todo lo que el hombre sembrare, eso también segará" (Gálatas 6:7). En otras palabras, si tomas malas decisiones, enfrentarás las consecuencias.

Me arriesgaría a decir que lo que estás viviendo es fruto de una serie de malas decisiones que tomaste durante los últimos años o meses. ¿Tengo razón?

Si yo hubiera escuchado al pastor Ivar, no habría tenido que esperar toda la madrugada a un autobús que llegó cuando él me dijo que llegaría.

Así somos. Pensamos que sabemos todo. No escuchamos a nadie. Pensamos que nadie nos va a descubrir, que nadie se va a enterar. Suponemos que tenemos todas las piezas del rompecabezas en su debido lugar. Pensamos y planeamos, seguros de que nada puede salir mal, hasta que fracasamos.

> Dios... le ha dado al ser humano el don del libre albedrío. Eso quiere decir que el que está a cargo de tus decisiones eres tú mismo. Nadie puede tomar decisiones por ti.

Mi molestia con Dios esa noche no tenía razón. La culpa era mía, el que no escuchó fui yo, el que tomó la decisión de estar ahí fui yo. Otra vez afirmo, con el peligro de sonar redundante: ¡así somos todos! Tomamos malas decisiones, elegimos malos caminos, vamos por rumbos inciertos, abandonamos nuestros principios, y cuando todo sale mal, culpamos a Dios o a las personas que están a nuestro alrededor.

La realidad es que la gran mayoría de nuestros problemas son por nuestra culpa. Sufrimos porque elegimos caminos errados, porque tomamos decisiones equivocadas. El matrimonio no fracasa porque el amor se termina, sino porque decidimos dejar de cuidarlo. Elegimos enfocarnos en otras personas antes que en nuestro cónyuge. La deuda aparece porque elegimos gastar más de lo que ganamos, porque compramos lo que no necesitamos a fin de impresionar a personas que no son importantes en nuestra vida. Nuestra salud se quebranta porque elegimos pizza en lugar de frutas, elegimos rosquillas en lugar de ensalada o de un plato de avena.

Somos el resultado de nuestras decisiones; por lo tanto, si tomamos malas decisiones, no tendremos buenos resultados. Esperar buenos resultados de las malas decisiones es injusto, va en contra del carácter de Dios. Si siembras manzanas no puedes esperar naranjas.

A cada hora que pasaba, me sentía más triste y más solo. Los perros ya no se veían tan preocupados por mi bienestar. Estaba solo en la calle, sentado bajo un poste de luz, cuidando mi equipaje. A cada rato me levantaba a caminar. Por la noche hace frío en la selva. Pasadas las cuatro de la madrugada busqué un baño. Lógicamente, no había. Seguí buscando, y en mi búsqueda, detrás de un árbol encontré un par de botas. En Brasil tienen un dicho para referirse a un lugar muy alejado: "Donde Judas perdió las botas". Al ver esas botas, sonreí y pensé: *¡Fue aquí donde Judas perdió las botas!* Y solté una carcajada solitaria que despertó a uno de "mis" perros.

Al rato el sol pintó el cielo con sus primeros tonos anaranjados. La aurora en el corazón de la Amazonia es hermosa. El sol sale pintando de tonos naranjas, rojos y amarillos la tela azul oscuro de la noche estrellada.

Las primeras personas comenzaron a caminar por las calles. La panadería se abrió y aspiré el olor del pan nuevo. La ciudad cobró nueva vida. Las motos, los carros, las bicicletas, los caballos, los movimientos de la gente indicaban que comenzaba un nuevo día. Cansado y desvelado, yo me preguntaba: *¿Y mi autobús?* Y me reía de mi situación. Es mejor reír que llorar.

Quizás estás en una situación muy difícil. Quizá sea tu culpa, quizá sea culpa de las injusticias del mundo. Sea lo que sea, recuerda que el guarda de Israel no duerme. Él está despierto, te está cuidando. Nada en el universo es más importante para Dios que tu vida y tu felicidad. No hay problema que dure para siempre, no hay dolor que dure toda la vida, ni pesadilla que no llegue a su final.

*Habla con Dios, porque él está contigo y te escucha. Jamás te dejará sin respuesta, el guarda de Israel no dormita ni se duerme.*

Detén la lectura y levanta tu voz a Dios. Dile todo lo que tienes en tu corazón. Dile que tomaste malas decisiones o que piensas que lo que te pasa es una gran injusticia. Dile que te sientes abandonado, o infeliz, sin ganas de seguir adelante. Habla con Dios, porque él está contigo y te escucha. Jamás te dejará sin respuesta, el guarda de Israel no dormita ni se duerme. Tú eres su punto de atención. Él te ama.

A eso de las 7 de la mañana, por fin llegó mi autobús. No tenía aire acondicionado, algunas ventanas no cerraban, y los asientos estaban cubiertos con el polvo de la carretera: un polvo de una tonalidad casi rojiza que pintaba la piel, la ropa y el cabello. Entré. El chofer me saludó con una sonrisa. Me dijo que podía sentarme donde quisiera.

—¿Adónde va usted? —me preguntó.

—A Marabá —respondí.

—Tiene un largo viaje, señor. Tome asiento y relájese.

Mientras el autobús partía, miré por la ventana. "Mis perros" corrían al lado del autobús, como quejándose porque no me despedí. Su silueta se fue perdiendo en el polvo y en la distancia. Me senté para descansar un poco. La noche había sido larga, pero no tan larga como el viaje que seguía.

Luego de acomodarme en mi asiento, con la brisa besando mi rostro, hice una oración. Agradecí a Dios por ese autobús, por los perros y, sobre todo, por su cuidado. Aun en medio de mis dudas, él no me abandonó.

Así será contigo también. Recuerda que el viaje es largo, pero no vas solo. Dios está contigo, y si hoy eliges estar con él, verás que tu viaje será difícil, pero llegarás a tu destino final. El guarda de Israel te cuida, y eso es todo lo que importa.

## Preguntas para reflexionar

1. ¿Bajo qué figura se presenta a Dios en este capítulo?

2. ¿Cuál es una de las razones porque nos va mal?

3. ¿Cuál es la segunda razón porque a veces nos va mal?

4. Completa la frase: "Somos el resultado de nuestras _____.

5. ¿Qué es lo único que importa en el viaje de la vida?

# CAPÍTULO 5

# Dios es tu sombra

¿Quién tiene problemas a los 16 años? La vida ni siquiera ha comenzado. A esa edad somos niños todavía. En la mayoría de los casos no implica ninguna responsabilidad, ninguna presión. ¿Qué problema puede tener un joven que todavía vive en casa de los padres y no ha terminado la secundaria?

¡Siempre me ha preocupado que los adultos hagamos poco caso de los problemas de la juventud!

—Espera tener mi edad para que veas lo que son problemas de verdad —me decía un señor de mi iglesia.

—Eso no es un problema, hijo —me decía mi padre.

Por alguna razón misteriosa, tenemos mucha dificultad para aceptar que los demás tienen problemas así como uno los tiene. Quizá sea un defecto de la naturaleza humana, quizá sea falta de empatía, quizá sea falta de cuidado por el prójimo.

Independientemente de la razón, la vida de Cristian no era fácil. Tenía apenas 16 años y todo el futuro por delante. Tenía tiempo para soñar y planear, pero en su mente el futuro era nebuloso, era una imagen en gris y negro, sin brillo, sin el color de la esperanza.

Cristian estaba dominado por la depresión. Desde los doce años era esclavo de esa enfermedad que cada año destruye a más y más personas. Según la Organización Mundial de la Salud, en 2019, 700 mil personas se quitaron la vida; pero ese número puede ser fácilmente multiplicado por tres porque las muertes por suicidio son tabúes en muchos lugares y culturas, y no se especifican ni se reportan.[1] Además de esos más de dos millones de muertos, debemos contar los muchos otros casos de intentos fallidos de suicidio. Estamos ante una pandemia silenciosa pero letal, para la que no hay espacio en los noticieros ni campañas de vacunación.

Antes de avanzar, permíteme dejar algo en claro: La depresión es una enfermedad seria y peligrosa, y debe ser tratada de esa manera. No es un caso de tristeza, no es falta de fe ni ausencia de Dios en la vida. Si alguien muestra síntomas de depresión, por favor dale atención, y refiere a esa persona a un profesional de salud mental. Esto es muy serio y sumamente importante.

## "Jehová es tu guardador; Jehová es tu sombra a tu mano derecha" (Salmo 121:5).

Cuando cumplió trece años, la familia de Cristian le hizo una fiesta. Querían animarlo, verlo sonreír. Fue una hermosa fiesta. Durante toda la semana los familiares hablaron de esa fiesta hasta que otro evento robó toda la atención: Cristian intentó quitarse la vida. La familia estaba desesperada. Cristian parecía entregado a la muerte en vida. No reaccionaba, no sonreía, no se animaba. Poco a poco, la vida se le escapaba como agua que se evapora bajo un sol incandescente.

Esa también era la realidad del peregrino en el Salmo 121. Su viaje estaba lleno de peligros. Ya hemos comentado algunos. Una de las situaciones más difíciles para el viajero era enfrentar el implacable sol del desierto. Caminar bajo el sol no es para cualquiera. El sol, aunque da vida, también la quita. Consume las fuerzas, evapora la capacidad de seguir adelante. En un día soleado en el desierto el calor puede llegar a los 50° C (122° F). Caminar todo el día a esa temperatura no era fácil. Llegaba un momento en que el viajero se agotaba completamente.

Pero había una manera de sobrevivir a ese castigo climático: una sombra. ¡Cuán bueno era descansar bajo la sombra! El peregrino se sentaba, se estiraba, se masajeaba las pantorrillas, tomaba algo de agua y comía un bocado de pan. No había mejor visión para el viajero cansado que ver la sombra de un árbol, aunque tuviera el tronco rugoso y las hojas ásperas, o una roca donde pudiera descansar. Esa sombra era un gran alivio en esa etapa del viaje.

*La depresión es una enfermedad seria y peligrosa, y debe ser tratada de esa manera… Si alguien muestra síntomas de depresión, por favor dale atención.*

Aquí Dios se presenta como una sombra. Nos quiere mostrar que es la única solución para nuestros problemas. Dios es la sombra bajo la cual podemos descansar, la sombra donde encontramos abrigo y protección. "El que habita al abrigo del Altísimo morará bajo la sombra del Omnipotente" (Salmo 91:1).

En tu búsqueda de la felicidad, debes entender que Dios es tu sombra, tu solución, tu puerta, tu camino. En este viaje por la vida en el que el calor de los problemas, de las culpas, de las angustias o de la depresión nos quieren destruir, es bueno saber que Dios es nuestra sombra, nuestra solución, nuestra protección, incluso para un niño de trece años que ha intentado suicidarse.

Quisiera terminar aquí el capítulo y decirte que Cristian y su familia oraron y todo volvió a su lugar. Quisiera, pero no fue así. Cristian siguió luchando con la depresión. Sus padres eran miembros de una iglesia y lo llevaban a los servicios religiosos. Intentaban todo. Lo llevaban al pastor para que orara por él; invitaban a otros jóvenes a la casa una que otra vez con tal de que se alegrara; lo dejaban durmiendo en vez de mandarlo a la escuela. Nada funcionaba. Los papás clamaban a Dios todos los días por Cristian. La mamá lloraba sentada a la puerta de su habitación, pidiéndole fuerzas a Dios. Creía que un mal espíritu controlaba la mente de su hijo, y en su afán de proteger a su "bebé", pasaba noches en vigilia, orando y cantando en voz baja, para no despertar a nadie.

Los años pasaban y Cristian fue creciendo. Era un joven solitario, sin amigos, sin intereses, sin nada. Pasaba horas, a veces días, encerrado en su habitación. Cuando cumplió 16 años, la abuela vino a vivir con ellos.

—No nos vendría mal tener a alguien más para vigilar al niño —decía el papá.

Cristian sabía del "peso" que representaba para sus padres. Sabía del dolor de su mamá. A veces oraba. De tanto escuchar a sus padres orando, pensó que la oración podría ayudarlo a solucionar el problema. Su oración era sencilla: "Señor, ¡quítame la vida! No quiero seguir viviendo. Hago sufrir a mis padres, hago llorar a mi abuelita, me siento infeliz y sin ganas de seguir".

Es aquí donde encontramos el conflicto. Dios es la solución. Siempre será. Dios tiene la solución y siempre la tendrá. Si es así, ¿por qué no hace algo?

## Dios te conoce

Tenemos mucha dificultad para entender la diferencia entre lo que necesitamos y lo que queremos. El ser humano es arrogante, al punto de decirle a Dios: "Señor, ¡esta es la única opción para mi vida!". Pasamos días, meses y años pidiendo la misma cosa. Clamamos, oramos, ayunamos, hacemos vigilias, pedimos a la gente que ore e interceda por nosotros. Somos como Cristian en su depresión. Creemos que la única solución es la nuestra. Pero la Biblia no dice que Dios va a hacer lo que queremos. Lo que la Biblia dice es que Dios tiene una solución para nuestro problema: la solución de Dios, no la nuestra.

Durante todo mi servicio pastoral, y en mi propia vida, me he dado cuenta de que la solución de Dios suele ser muy diferente de la mía. ¿Por qué? Porque Dios es omnisciente, él conoce el fin desde el principio, él sabe lo que es mejor, y desea darnos solo eso.

*Oh Jehová, tú me has examinado y conocido.*
*Tú has conocido mi sentarme y mi levantarme;*
*has entendido desde lejos mis pensamientos.*
*Has escudriñado mi andar y mi reposo,*
*y todos mis caminos te son conocidos.*

## Dios es tu sombra

*Pues aún no está la palabra en mi lengua,*
*y he aquí, oh Jehová, tú la sabes toda.*
*Detrás y delante me rodeaste,*
*y sobre mí pusiste tu mano.*
*Tal conocimiento es demasiado maravilloso para mí;*
*alto es, no lo puedo comprender.*
*¿A dónde me iré de tu Espíritu?*
*¿Y a dónde huiré de tu presencia?*
*Si subiere a los cielos, allí estás tú;*
*Y si en el Seol hiciere mi estrado,*
*he aquí, allí tú estás.*
*Si tomare las alas del alba*
*Y habitare en el extremo del mar,*
*Aun allí me guiará tu mano,*
*Y me asirá tu diestra.*
*Si dijere: Ciertamente las tinieblas me encubrirán;*
*Aun la noche resplandecerá alrededor de mí.*
*Aun las tinieblas no encubren de ti,*
*Y la noche resplandece como el día;*
*Lo mismo te son las tinieblas que la luz.*

(Salmo 139:1-6).

Estoy seguro de que crees saber cuál es la mejor solución para tu problema. Estoy seguro de que ya analizaste, ya estudiaste e identificaste todos los pros y los contras y, sinceramente, estás seguro de que esa es la única solución. Creo que tu solución es buena, y podría funcionar. Aunque no te conozco, creo que eres suficientemente inteligente para saber qué hacer, pero (después de tanto elogio siempre viene un "pero" para acabar con nuestra confianza, ¿no es así?), ¿será que somos más listos que Dios? ¿Será que conocemos el futuro? ¿Podemos ver todos los detalles? Déjame preguntarte algo más: *Si supiéramos todo de todo, ¿estaríamos en la situación en que estamos?* Por favor, no cierres el libro. No estoy diciendo que no eres capaz o inteligente. Lo que estoy diciendo es que, por capaces e inteligentes que seamos, Dios siempre sabrá mucho más que nosotros. Él sabe cuál es "la sombra", la solución que necesitamos.

*Nunca olvides esto: Dios te va a dar lo que necesitas y no lo que quieres. Dios te va a dar una solución definitiva y no algo pasajero.*

Muchas personas tratamos a Dios como si fuera el *drive-thru* de comida rápida. Llegamos, abrimos la ventanilla de nuestro auto y oramos: *Señor, quiero un trabajo, quiero hijos que se porten bien, quiero vecinos amigables, quiero bajar de peso, quiero viajar a Acapulco, quiero esto, lo otro y aquello también. Por favor, añádele una orden de papitas fritas y soda de dieta (¡para mantener el peso!). En el nombre de Jesús, amén.*

Pedimos y pedimos, seguros de que sabemos cómo arreglar nuestra vida. Nunca olvides esto: Dios te va a dar lo que necesitas y no lo que quieres. Dios te va a dar una solución definitiva y no algo pasajero. En gran medida, tu felicidad depende de entender esta verdad. Deja de vivir pidiéndole a Dios lo que quieres. Dile a Dios: *Señor, quiero que seas mi sombra y cumplas en mí tu voluntad. Ayúdame a aceptar lo que tienes para mí, aunque no me guste.*

Cristian pensaba que la solución a su problema era quitarse la vida. Pensaba que así terminaría el sufrimiento de sus padres y el de la abuela, y que él mismo ya no sufriría.

Querida amiga, estimado amigo, por favor entiende esto: Dios tiene una salida para tu vida, tiene una solución para tu problema. Dale una oportunidad. Él está a tu lado ahora mismo, listo para abrazarte. Él está contigo en medio de la noche solitaria de tu vida, él te sostiene la mano mientras enjugas esas lágrimas de dolor. Dios nunca te va a abandonar, pues te ama más de lo que puedes imaginar.

Dios está a tu disposición siempre. Él es tu sombra, y está a tu mano derecha. En los tiempos bíblicos, la referencia a la mano derecha indicaba disponibilidad, fuerza, acción. Era estar en una posición de influencia y honor.[2]

¿Te acuerdas lo que te dije en el primer capítulo? Nada del contenido bíblico está ahí por casualidad. Al leer "sombra a tu mano derecha", uno puede pensar que el salmista es solo un poeta que usa palabras bonitas. Puede ser, pero su principal objetivo es pintar una imagen real de algo por lo cual el viajero del desierto está pasando. ¿Necesitas ayuda? Jehová es tu sombra a tu mano derecha. Dios es la solución que buscas, y está a tu disposición a la hora que más lo necesites. Esa es la imagen que el salmista quiere pintar, no solo para el peregrino en el desierto, sino también para todo aquel que está luchando con un problema: para ti, para mí, y para Cristian.

Ahora, a los 16 años, Cristian ya manejaba. Los padres hacían todo lo posible para que él viviera una vida normal. Cristian luchaba y se esforzaba lo más que podía; pero sin acompañamiento profesional la depresión es una bomba de tiempo que, tarde o temprano explota, y Cristian estaba con los "números rojos" de esa bomba llegando casi a cero.

Comenzó a planear los detalles de su última noche en la tierra. Sus padres planeaban participar de unas conferencias de evangelización que comenzarían en pocas semanas. Esa era la fecha ideal para ejecutar sus planes. Salió con su auto a buscar algunos lugares donde tendría libertad de movimientos y facilidad para llevar a cabo su plan.

La semana de las conferencias llegó. Los padres de Cristian le rogaron que los acompañara al centro de convenciones, pero él declinó la invitación:

—Me voy a quedar en casa con la abuela —dijo, intentando sonreír.

La abuela había tenido un pequeño accidente y no podía caminar bien, así que no podía ir a las conferencias. La explicación les pareció bien a los papás. Cada noche, sus papás le contaban de las conferencias e insistían que fuera con ellos, pero él salía con la misma excusa. Encerrado en su habitación, hablaba solo, buscando encontrar fuerzas para cumplir con su propósito de quitarse la vida.

El jueves por la noche, la familia se disponía a salir hacia el centro de convenciones. Cristian abrazó a sus padres y se encerró en su recámara. Su corazón latía con fuerza. Había llegado la hora. Repasó su plan otra vez. Perdió la noción del tiempo. Ya eran casi las 9 de la noche cuando salió de su habitación. Tomó las llaves de uno de los autos. Pensó en su abuela. Fue hasta la sala donde la anciana estaba mirando la actividad de la iglesia por internet, y la vio luchando con la computadora.

*Hoy mismo, te invito a darle una oportunidad a Dios, y verás que él te puede ayudar.*

—¿Qué pasó, abuelita? —preguntó con amabilidad.

—No sé cómo hacer funcionar esto otra vez —dijo la abuela—. ¿Me podrías ayudar a reconectarme con la programación?

—Claro que sí, abuelita —contestó Cristian mientras revisaba las conexiones de la computadora, y pronto logró establecer contacto con la programación.

—Siéntate conmigo un rato —pidió la abuela.

Cristian no sabía cómo negarse. Amaba mucho a su abuelita. Se sentó y comenzó a escuchar la predicación. Yo estaba en la pantalla, predicando. Aún puedo ver en mi mente cada detalle del programa de esa noche. El centro de convenciones estaba lleno. La gente cantaba con fuerza. Un grupo musical había ofrecido un breve concierto. Antes de comenzar el programa había tenido una reunión con todos los pastores de esa región para orientarlos respecto al desarrollo de la conferencia. Les dije que haría un llamado muy especial invitando a la gente a aceptar el bautismo cristiano.

La casa de Cristian estaba a treinta minutos viajando en auto hasta el centro de convenciones. Cristian estaba sentado, tomado de la mano de su abuelita, en la sala de su casa cuando escuchó:

"Dios tiene un plan para tu vida. Dios tiene una solución para tus problemas".

Eso no le llamó mucho la atención. Ya había escuchado a muchos predicadores decir lo mismo.

"La depresión que te quiere destruir, Dios la va a destruir", dije, mirando a la cámara.

Cristian sintió que yo lo miraba. Eso lo incomodó, era como si alguien estuviera invadiendo su intimidad.

"Hoy mismo, te invito a darle una oportunidad a Dios, y verás que él te puede ayudar. Deja de pensar que tú sabes lo que es mejor —decía mientras sudaba y mantenía los ojos fijos en la cámara—. Nunca pienses que la solución se halla en quitarte la vida. Ya planeaste todo, ya cuidaste todos los detalles, sabes exactamente lo que vas a hacer. Ahora escucha en el nombre de Jesús: Dios tiene un plan mejor. Pruébalo y verás".

Cristian me miraba con rabia. *¿Cómo es posible que él sepa eso?*, se preguntaba confundido. Herido en su orgullo, se levantó y salió de la sala. Agarró las llaves otra vez y se fue al auto. Dentro del auto sintió que algunas lágrimas brotaban en su rostro juvenil. Con rabia, levantó la voz a Dios:

—No hay otra solución. Todo lo que dice ese pastor es mentira. Déjame morir en paz. Ya no quiero vivir. ¡Ya no...!

Dios ve nuestro dolor. Entiende nuestra agonía y nos mira con amor. Dios es nuestra sombra a nuestra mano derecha. Él tiene la solución para el más desesperado de los seres humanos, pues lo puede todo. Cristian enjugó sus lágrimas. Miró al reloj, ya eran las 9:45 p.m. A esa hora, el programa de la iglesia debería haber acabado. Se acordó de lo que dije: "Pruébalo y verás".

—Compruébame que me escuchas y que te importo —oró Cristian—. Voy a ir al centro de convenciones, y si de verdad tienes un plan para mi vida, si de verdad me puedes sacar de todo esto, si de verdad puedes acabar con mi dolor, quiero que ese pastor esté allí para que yo pueda hablar con él.

## Ser feliz

*Es imposible que él esté allí* —pensó. Prendió el auto y se fue. Los treinta minutos de su casa al centro de convenciones le parecieron horas. Tenía una mezcla de rabia y esperanza en su joven corazón. ¿Quién a los 16 años tiene problemas? ¿Quién a los 16 años tiene que pasar por eso? Miles de jóvenes sufren sin que nadie lo sepa.

*Dios ve nuestro dolor. Entiende nuestra agonía y nos mira con amor.*

Cuando llegó al centro de convenciones, Cristian vio el estacionamiento completamente vacío.

*Sabía que todo eso era mentira* —dijo en su corazón. Comenzó a recorrer el lugar. Terminó su recorrido y no había un solo auto en todo el estacionamiento. Solo vio a una persona sentada bajo un poste de luz. Era yo. Me había quedado hablando con una pareja. El pastor que me llevaba al hotel le pidió a otro colega que se hiciera cargo de mí, y se fue. El colega que dijo que se haría cargo de mi se olvidó de mí y se fue. Cuando salí, todo estaba vacío. Me senté bajo al poste de luz y llamé a uno de los pastores para que viniera a buscarme. Sentado bajo esa luz pensaba para mis adentros: *¡Excelente! Todos se olvidaron de mí.* ¡Pero no era cierto! Dios tenía otros planes. Él quería salvar a alguien. ¡Quería salvar a Cristian!

—¿Es usted el pastor que estaba predicando? —me preguntó Cristian mientras estacionaba su auto.

—Así es —dije con una sonrisa.

—¿Y qué hace aquí usted solo?

—No sé, creo que te estaba esperando a ti —respondí, sin saber lo que decía.

Cristian salió de su auto. Yo me levanté. Pude ver en su rostro que algo no estaba bien. Yo estaba equivocado. Por primera vez en muchos años Cristian estaba bien. Cristian entendió lo que quiere decir: "Jehová es tu sombra a tu mano derecha". Había encontrado su sombra a las 10:30 p.m. de una noche estrellada. ¡Esa sombra era todo lo que necesitaba!

1. "Suicide", *World Health Organization*, 17 junio 2021, en https://www.who.int/news-room/fact-sheets/detail/suicide.

2. John D. Barry, *et. al.*, *Faithlife Study Bible* (Bellingham, Washington: Lexham Press, 2012, 2016), Psalm 121:5.

## Preguntas para reflexionar

1. ¿Utilizando qué figura se presenta el auxilio de Dios en este capítulo?

2. ¿Cuál es la condición para morar bajo la sombra de Dios en el Salmo 91?

3. ¿Hay algo en la Biblia que está ahí por casualidad?

4. ¿En cuál salmo se dice que no podemos escondernos de Dios ni siquiera en la oscuridad, y que él conoce todo lo que nos pasa?

5. ¿Qué indicaba en tiempos bíblicos la referencia a la mano derecha?

# Capítulo 6

# No te fatigarás

—**P**uede pasar, pastor —me dijo la secretaria del señor Marcelo, con mucha cordialidad.

Su oficina era muy hermosa y moderna. Los colores fuertes de las paredes reflejaban la fuerza de su liderazgo, así como de su resiliencia.

—Pastor, qué gusto recibirlo aquí. Tome asiento.

Marcelo era un millonario. Su compañía era la tercera más grande en toda América Latina. Tenía cientos de empleados, personal de seguridad, autos, casas. Los canales de televisión alquilaban algunas de sus casas en el campo para grabar novelas. Hombre firme en sus decisiones y muy directo con sus palabras, el señor Marcelo no había logrado todo eso por ser una santa palomita sino por ser un muy fuerte y afanoso trabajador. Si alguien tenía el derecho de sentirse más grande que todo el mundo, era el señor Marcelo.

Pero sus empleados lo llamaban tío. Me sonaba raro que, a un hombre tan poderoso, desde el personal de limpieza hasta el chofer lo llamaran así. Me parecía casi una falta de respeto. Yo nunca logré llamarlo tío, incluso cuando se ponía "molesto" por mi insistencia en decirle "Señor Marcelo".

—Pastor, la gente me llama así porque es una manera de recordarme que no soy nada. Nací en la pobreza, gané dinero, y ya lo perdí todo. He aprendido a vivir en los extremos de la vida —decía para explicar la confianza que le daba a la gente.

El salmista ahora habla de esos extremos.

En el viaje del peregrino por el desierto había muchos peligros: bestias, enfermedades, serpientes, asaltantes, extravíos y muchos más. Uno de esos peligros está descrito en el verso 6.

## "El sol no te fatigará de día, ni la luna de noche" (Salmo 121:6).

Sol y luna. Día y noche. Durante el día, el sol del desierto quemaba hasta los huesos. Era agotador caminar bajo el calcinante sol. Era peligroso para la salud pasar horas y horas bajo el sol sin un lugar para descansar. El peligro de insolación era real. Desmayarse en el desierto nunca era una buena idea.

Al mismo tiempo, caminar por la noche tenía sus problemas. La temperatura del desierto por la noche casi baja al punto de congelación. Dormir a solas, perdido, era casi una sentencia de muerte. La vida es exactamente así: llena de extremos. Para que puedas ser feliz, necesitas entender cómo sobrevivir a esos extremos.

Recibo muchos mensajes de personas que se quejan por esos extremos de la vida. "Pastor, mi paz dura solo unos pocos días, luego vuelven los problemas. ¿No será posible que solo tenga momentos de paz?"

La paz constante es una ilusión. Muchos religiosos mal intencionados sacan provecho de la desesperación de las personas y recurren a esa ilusión diabólica para atraer gente a sus iglesias: "Venga a mi iglesia y pare de sufrir", dicen unos. "Bautícese en mi iglesia y vea desaparecer sus problemas", dice otro. "Dé una buena ofrenda y nunca más le faltará dinero", engaña otro más.

Todas esas promesas suenan interesantes; son muy buenas para el *marketing*, la publicidad, de las iglesias, pero no son promesas bíblicas sino manipulación de la desesperación humana.

Yo también *quisiera* decirle ahora mismo que si usted se bautiza en mi iglesia, que si comienza a diezmar en mi iglesia, que si deja de comer esto y lo otro, que si deja las bebidas embriagantes, y que si hace muchas otras cosas buenas, nunca más tendrá problemas. De verdad, quisiera poder decir eso, pero la Biblia no me lo permite. La Biblia dice que el sufrimiento y el dolor forman parte de nuestro viaje. El dolor es constante, real. No hay manera de evitarlo, así como no hay manera de evitar que el sol salga o que la luna vuelva a brillar. Puedes hacer lo que quieras, pero jamás lograrás detener el nacimiento de un nuevo día, o el anochecer. Así también, no puedes detener los problemas.

Lo que la Biblia sí nos ayuda a entender es que podemos aprender a lidiar con todas esas situaciones, con todos esos extremos y salir avante. Los problemas y el dolor acabarán cuando Cristo venga otra vez, pero hasta que llegue ese día, podemos aprender a convivir con esos momentos difíciles.

## El sol, el día

Vamos a llamar al día y al sol los momentos buenos de la vida. El señor Marcelo estaba viviendo los días soleados de su vida. Tenía una esposa encantadora, sus hijos estaban casados con buenas personas, y todos eran miembros y dirigentes de mi iglesia. Ayudaban en todo en la iglesia. Cuando me invitaban a almorzar, nos divertíamos muchísimo. Todo era risas y más risas. Su hijo mayor era un bromista genial. Varias veces nos atoramos con la comida de tanto que nos reíamos. Así es la vida de algunos de nosotros. Y, ¿sabes qué? No te sientas mal por eso. No te sientas mal porque todo te va bien, porque tienes salud y un buen salario o porque tu familia está en paz, prosperando, feliz. El sol brilla para todos. Dios es bueno, y quiere que todos (no solo sus seguidores) sean bendecidos y puedan gozar la vida.

Cuando era un joven pastor en el norte de Brasil, conocí a una ancianita muy interesante. Ella amaba a la iglesia, asistía a todos los cultos, siempre se sentaba en la misma banca. En los cultos de los miércoles, las personas presentaban sus peticiones en público, para que todos pudiéramos orar por ellas. Una de esas noches, la ancianita levantó la mano:

—Pastor, quiero que oren por mí. Mi vida es muy buena, tengo salud, mi hijo recibió una promoción en su trabajo, mis nietos tocan el piano y cantan en la iglesia. Hay tantas cosas buenas en mi vida que estoy preocupada.

—¿Y por qué está preocupada? —pregunté.

—Porque si todo va tan bien en la vida de uno, es porque el diablo está controlando todo —contestó—. Porque si somos de Cristo, debemos tener problemas, pues ¡un cristiano de verdad debe sufrir, pastor!

*Es importante que sepas cómo convivir con los "días soleados" de tu vida. Si todo está bien, si todo es paz y prosperidad, alaba y agradece a Dios.*

Es insólito, pero hay gente que relaciona la prosperidad con el diablo. Es común que relacionen riqueza y corrupción, y pobreza y santidad. Dios siempre quiere bendecir a sus criaturas. Hablando del amor al prójimo, Jesús dice que nuestro Padre que está en los cielos "hace salir su sol sobre malos y buenos, y... hace llover sobre justos e injustos" (S. Mateo 5:45). *Dios* es el autor de la bendición, no el ángel caído.

Así que es importante que sepas cómo convivir con los "días soleados" de tu vida. Si todo está bien, si todo es paz y prosperidad, alaba y agradece a Dios. Una actitud de gratitud y humildad ante cada bendición nos ayuda a mantener la perspectiva correcta. Alabar a Dios es reconocer que todo lo que tenemos viene de sus manos, y que nada hemos obtenido solo por nuestra capacidad.

Ese fue el error de Marcelo. De origen humilde, cuando terminó la educación secundaria ya trabajaba para ayudar en casa. Pronto descubrió que tenía una gran facilidad para los negocios. Compraba y vendía de todo. Luego contrató a un tío para ayudarlo en los negocios, después a un amigo, y a otro más. Ahora ya tenía su empresa, un auto, una casa. Junto con su esposa, soñaba con darles un buen futuro a sus dos hijos. El dinero comenzó a llegar más fácilmente y en mayor cantidad. El auto ahora era importado, la casa era más grande, las ropas más caras. Pero a la misma velocidad que prosperaba en los negocios, se alejaba de su familia y de Dios. El sol del éxito comenzó a quemar su juicio y su sentido de familia.

Algunos piensan que Dios deja de bendecir a los que son infieles. No es así. Si así fuera, nadie sería bendecido por Dios, porque todos somos infieles. El problema es que, al alejarnos de Dios perdemos la referencia que nos guía, el norte de nuestra brújula, y sin eso nos perdemos. Y perder todo es muy fácil.

*Cuando el sol brilla en la vida de tu hermano, aprende a gozarte con él. Ese es uno de los secretos de la felicidad.*

¿Quieres ser feliz en la prosperidad, en la bendición, en la abundancia, en el "día soleado" de la vida? Aprende a alabar a Dios, y alábalo siempre.

Ahora, déjame hacerte una pregunta: ¿Y cuando la prosperidad llegó a la vida de tu hermano o tu hermana? A veces tengo la impresión de que este punto es mucho más difícil. Los seres humanos tenemos mucha dificultad en alegrarnos con la prosperidad de otros. Intentamos disminuir sus logros, sus éxitos. Intentamos crear "mentiras blancas" para que sus victorias suenen menores.

Es como cuando llegas a la iglesia y ves a la hermana X usando zapatillas nuevas con los tacones que te gustan. Tal vez le dices: "¡Qué zapatos tan lindos!", pero en tu corazón estás diciendo: "¡Ojalá te caigas de esos tacones para que todo el mundo se ría de ti!" O comentas con una amiga: "¿Ves esos tacones que se compró la fulana? Los compró en Goodwill" (la tienda de artículos usados). Lo dices porque intentaste comprar los mismos zapatos con esos tacones, pero no te alcanzó el dinero.

Cuando el sol brilla en la vida de tu hermano, alégrate. Si lo haces, las bendiciones que recaen sobre él llegarán a tu vida también.

Mi hermano mayor es abogado. Déjeme corregir esto. Mi hermano José es un abogado muy competente, respetado y conocido en las altas jerarquías de Brasil. No siempre fue así. Nos graduamos casi juntos, y comenzamos a trabajar con solo seis meses de diferencia. En ese tiempo, los dos teníamos el mismo tipo de auto: un auto económico, con solo dos puertas, sin aire acondicionado, y para abrir las ventanas uno debía tener bastante fuerza. La dirección del auto era dura, pesada. Manejar esos autos era casi como ir al gimnasio: sudábamos la gota gorda. Él tenía un auto negro, el mío era verde.

En ese tiempo, los dos vivíamos en casa de mis padres, pero a los seis meses, la iglesia me envió a trabajar al norte de Brasil. Allá nos fuimos, mi auto y yo. Estuve casi seis meses sin volver a casa. Un detalle: el salario de los abogados es bastante mejor que el de un pastor que comienza su servicio. Sigamos la historia.

Por fin llegaron mis vacaciones. Era hora de volver a casa. Decidí ir en autobús, para dormir durante el viaje de casi catorce horas. Cuando llegué, tomé un taxi y me dirigí a la oficina donde mi hermano trabajaba. Al rato salió, y me dio un fuerte abrazo. Comenzamos a caminar rumbo a su auto negrito para volver a casa. Yo buscaba el auto y no lo encontraba. De repente, mi hermano oprimió un botón entre sus llaves y las luces de un auto importado muy bonito se encendieron. Era su nuevo auto: moderno, con asientos de piel, aire acondicionado y ventanas eléctricas. Cuando lo recuerdo, me parece que le salían unos brazos de los asientos para dar masaje en los hombros, pero puede ser que esté exagerando.

—¿Qué te parece mi nuevo auto? Dios me ha bendecido tanto que me pude comprar un auto "*mejorcito*" —me dijo con una sonrisa de gratitud.

¿Qué crees que le dije a mi hermano? ¿Que el color estaba mal? ¿Que cómo se le ocurría comprar un auto así mientras yo seguía manejando un auto viejo? ¿Que de dónde sacó el dinero?

Cuando el sol brilla en la vida de tu hermano, aprende a gozarte con él. Ese es uno de los secretos de la felicidad. Es una demostración de nobleza. Si te molestas y te amargas, ¡el único perjudicado serás tú mismo!

Salté de alegría con mi hermano. Nos fuimos a casa, yo seguía encantado con su auto moderno. Comencé a sentirme tan feliz que un calor extraño recorría mi cuerpo. Pensé que el Espíritu Santo me estaba entibiando el alma, pero entonces me di cuenta de que mi bendito hermano, de broma, prendió el calentador del asiento y me estaba cocinando como una tortilla en el comal. Alégrate con las victorias de los otros y recibirás parte de sus bendiciones. Porque pronto la noche llegará.

## La luna, la noche

Así como es inevitable que el sol salga todas las mañanas, es inevitable que llegue la noche. Marcelo probó esa noche. Perdió todo: dinero, familia, amigos. Cayó en bancarrota, y su vida se volvió un desastre. Una madrugada, estaba en el piso de su habitación, saliendo de la borrachera de la noche anterior. Tomaba para olvidar que estaba solo, para olvidar las palabras de enojo de su hijo, para olvidar las lágrimas de su esposa y de su pequeña hija.

Si no aprendes a buscar a Dios mientras todo está bien, tendrás dificultad para encontrarlo cuando todo esté mal. Pero Dios no te abandona. Él jamás te abandonará. Siempre está contigo. El problema es que la noche es tan oscura, tan aterradora, que nos sentimos abandonados por todos, incluso por Dios.

En la cruz del Calvario Jesús sintió el poder de la noche, el frío intenso de la falta del sol de justicia, cuando exclamó: *"Elí, Elí, ¿lama sabactani?* Esto es: Dios mío, Dios mío, ¿por qué me has desamparado?"* (S. Mateo 27:46).

La noche tiene el poder de hacernos sentir abandonados, solos, impotentes. Es en la oscuridad de una noche sin estrellas cuando uno siente los peores miedos, las más grandes dudas.

En los tiempos bíblicos había creencias interesantes con relación a la noche y la luz de la luna. Algunos creían que la luz de la luna tenía poderes mágicos o dañinos sobre la mente humana, que llegaban a causar ataques epilépticos y otras enfermedades de la mente.[1] Otros creían que la luz de la luna los podía enloquecer.

## No te fatigarás

Llegaron a creer que la palabra luna es la raíz de la palabra luná-tico.[2] Incluso, se realizó un estudio para detectar dónde se hacen evidentes los efectos dañinos sobre el cuerpo de aquellos que duermen bajo la luz de la luna en países de clima cálido o tropical.[3]

Pasar por esos momentos no es fácil. Puede ser que tú también estés pasando por esos momentos difíciles, por esas noches intermi-nables de la vida. En tu soledad te preguntas el porqué de tanto dolor. Intentas razonar contigo mismo

*Si no aprendes a buscar a Dios mientras todo está bien, tendrás dificultad para encontrarlo cuando todo esté mal. Pero Dios no te abandona.*

para ver si tus castigos están de acuerdo con tus fallas, y buscas maneras de justificar tu indignación.

Puedo imaginar que estás sufriendo y, honestamente, no sabes lo que hiciste para merecerlo. Intentas buscar las fallas y las culpas, y no las ves. Yo sé que no eres santo ni perfecto, pero lo que te está pasando parece demasiado, ¿no es cierto?

Las noches son implacables, aterradoras, dolorosas. Nos hacen perder la razón, nos llevan al borde de la locura. Nos tiran al piso y nos aplastan sin misericordia. Casi se puede escuchar la carcajada del ángel caído entre los truenos y relámpagos de una noche tormentosa.

Así estaba Marcelo. En el piso. Sin fuerzas, sin esperanza, sin futuro. Se durmió en el piso duro y frío de la habitación. Al otro día, despertó con un sabor horrible en la boca. Había vomitado sin darse cuenta. Estaba sucio y apestoso. *¿Cómo pude llegar a esto?*, se preguntó mientras se miraba en el espejo del baño. Abrió el agua. Se lavó la boca y el rostro. Necesitaba tomar algo. Su razón decía "agua", sus "demonios interiores" decían "alcohol". Agarró un vaso y lo llenó de agua. Su razón comenzaba a volver. Se sentó y comenzó a pensar en la vida. Miró el reloj y vio la hora. Era casi mediodía. Se asomó por la ventana y vio el sol. Brillaba majestuoso, imponente, soberano.

De repente miró hacia la puerta y vio un sobre que alguien había dejado bajo el umbral. Le llamó la atención al punto de hacerlo levantarse de la silla. Tomó el sobre y lo abrió. Adentro vio un dibujo sencillo, casi un borrón. Era un dibujo de un hombre y una niñita tomados de la mano. En lo alto vio el sol en Amarillo, con algunos riscos mostrando que el sol brillaba. En verde se veía la selva. En marrón, varias letras "v" representando pajaritos que volaban. Al lado, con letra de una niña de cinco años estaba escrito: "Te extraño, papi. Nunca dejaré de amarte".

*No temas a tus tormentas, no te acobardes en tus batallas. Levántate y avanza, Dios va contigo.*

Marcelo rompió en un llanto descontrolado. No solo por el dibujo o la cartita sino por el amor de Dios personificado en lo más inocente que puede existir: el amor de una hija. El sol comenzaba a brillar otra vez. Marcelo cayó de rodillas en el piso. Se prostró derrotado. Se sintió indigno, asqueroso, repulsivo. Al mismo tiempo sintió que el calor del sol volvía a calentar su corazón. Los rayos de esperanza llegaron a los rincones más sombríos de su alma. *¿Será que puedo salir de todo esto?* —se preguntaba.

En el mundo idólatra de los tiempos bíblicos se creía que los dioses dormían por la noche, y que era peligroso caminar por las noches sin la protección de esos dioses.[4] Por eso el salmista es categórico al afirmar que el guarda de Israel está despierto siempre. Dios no descansa jamás. Está contigo ahora mismo. No temas a tus tormentas, no te acobardes en tus batallas. Levántate y avanza, Dios va contigo.

Marcelo se levantó y dijo: "Voy. Es hora de salvar mi familia. Es hora de comenzar un nuevo día". Marcelo se arregló. Fue a la casa de su esposa y sus hijos, se arrodilló frente a ellos y les besó los pies. Les pidió perdón y les juró amor eterno. Todos se abrazaron. El sol volvió a brillar.

Todas las veces que visitaba a Marcelo en su oficina, podía ver muchos cuadros, pinturas y premios cubriendo la pared. Sobre ellos, destacaba un cuadrito con el papel amarillento por el paso del tiempo. Ese cuadro ocupaba el lugar principal de su oficina.

—¿Quién hizo ese dibujo? —le pregunté, curioso.

—Dios lo hizo, pastor. Dios lo hizo con la mano de mi hijita. Deje que le cuente la historia.

1. Robert G. Bratcher y William David Reyburn, *A Translator's Handbook on the Book of Psalms* (New York: United Bible Societies, 1991), p. 1053.

2. Jon Courson, *Jon Courson's Application Commentary: Volume Two: Psalms-Malachi* (Nashville, TN: Thomas Nelson, 2006), 152.

3. George Nathaniel Curzon, *Tales of Travel* (Trafalgar Square Publishing, 1923), p. 36; Leopolt, "India Missions", p. 7.

4. John D. Barry, *et. al.*, *Faithlife Study Bible* (Bellingham, WA: Lexham Press, 2012, 2016), Psalm 121:6.

## Preguntas para reflexionar

1. ¿Qué promete Dios al peregrino en este salmo y en este capítulo?

2. ¿Qué representa el sol en este capítulo?

3. ¿Qué representa la noche en este capítulo?

4. ¿Qué es lo mejor que podemos hacer cuando todo va bien?

5. ¿Cómo explicas el clamor de Jesús cuando "la noche" llegó a su vida?

# Capítulo 7

# Dios te guardará

Algunas personas marcan nuestra vida. Ernesto es una de esas personas, uno de esos luchadores que vienen a Estados Unidos buscando darle a su familia una vida mejor, un futuro con seguridad y paz. Atrás dejó a sus familiares, su tierra, los sabores y olores del rancho donde dio sus primeros pasos. Ernesto es el retrato de miles y miles de inmigrantes que llegan a este país con el corazón rebosante de sueños y planes. Son gente que labora de sol a sol en todo tipo de empleos, porque Estados Unidos es todavía la tierra de los sueños. Pasan los años y este país sigue siendo "El Dorado" financiero, donde el más humilde inmigrante, al paso del tiempo, puede construir el castillo que siempre soñó.

Pero en este país el éxito camina muy cerca del fracaso. Es muy fácil perder el rumbo. Cuando eso pasa, la caída es muy dolorosa. Ernesto estaba en esa caída, perdido, sin saber qué hacer. Ya no era tan joven como cuando llegó. Tenía su esposa y tres hijos: dos varones y una niña, su princesa. Su esposa era una de esas guerreras que le hacen frente a todo. Se trataba de una familia casi perfecta, que enfrentaba una crisis insondable. Tenían para pagar el alquiler de ese mes, y nada más. El trabajo escaseaba. Ernesto caminaba todos los días hacia la parada de los autobuses municipales, donde siempre estaban buscando trabajadores. Pero durante las últimas semanas los trabajadores se amontonaban en ese lugar y no los contrataban. No había trabajo.

Un día, al salir de su casa vio un auto estacionado. Se acercó a saludar al visitante inesperado, y se sorprendió: ¡era un amigo de juventud!

—Hombre, ¿cómo estás? —le preguntó su amigo.

—Bien, pues. Aquí echándole ganas —contestó Ernesto, dando la respuesta oficial de los que están en problemas.

—Mira… ¿quieres trabajar conmigo? —Estoy buscando gente de confianza.

—¿En serio? ¡Claro que sí! —Ernesto no lo podía creer.

—Entra en el auto y hablemos.

En el auto, su amigo le contó lo que hacía. La alegría de Ernesto poco a poco se fue desvaneciendo. Lo que su amigo hacía era ilegal, peligroso, pero el pago era bueno. Pensó en su familia, en sus hijos, en su princesita.

—Piénsalo. Hablamos mañana —le dijo su amigo mientras se despedía.

Ernesto no pudo dormir esa noche. Sabía que no debía hacerlo, pero necesitaba el dinero. La necesidad es la madre de todas las invenciones, pero también es la piedra atada al cuello de los que se están ahogando.

## "Jehová te guardará de todo mal; él guardará tu alma" (Salmo 121:7).

¿Sabes qué es lo que se halla entre nosotros y nuestra próxima mala decisión? Te contesto con otra historia que escuché hace mucho tiempo: Un hombre iba a una entrevista de trabajo. Cuando llegó al lugar, vio que sería casi imposible estacionarse. Todo estaba ocupado. Se puso a dar vueltas y vueltas a la manzana. El reloj avanzaba. De repente halló un espacio perfecto. Pero mientras maniobraba, vio una señal en el poste que decía: "Prohibido estacionarse". No lo podía creer. Tenía dos opciones: estacionarse en el lugar prohibido o perder la entrevista y el trabajo. Así que acomodó su auto ahí. Antes de subir a su entrevista, dejó una nota en el cristal del auto: "Muy estimado señor policía, estuve dando vueltas por esta manzana durante veinte minutos. Si no me estaciono aquí, voy a perder mi trabajo. 'Perdónanos nuestras deudas…'".

Después de un par de horas regresó. Y en el cristal del auto encontró dos cosas: una nota de multa y otra de parte del policía con este mensaje: "Muy estimado ciudadano, he estado dando vueltas alrededor de esta manzana durante los últimos veinte años. Si no le pongo una multa seré yo el que pierda el trabajo. 'Y no nos metas en tentación…'".

*Ser tentado no es pecado. Cristo fue tentado en todo.*

Tentación. Hablemos de la tentación. En el verso 7 del salmo 121, el salmista cambia de tiempo verbal. En los primeros seis versos, al hablar del guarda de Israel usa el presente continuo. "Te cuida", "te guarda", "te protege". Ahora él usa el tiempo futuro: "Jehová te guardará de todo mal; él guardará tu alma" (Salmo 121:7).

Aquí el salmista comienza a hablar de otra categoría de peligros, peligros que muchas veces atacan nuestra felicidad, nuestra paz de espíritu. Peligros actuales y también del futuro. Estos peligros se sintetizan en la palabra elegida por el salmista: mal.

La palabra "mal" usada en este salmo tiene su raíz en la palabra hebrea "*Ra*" que se refiere a un mal más amplio que el mal del viaje. Esta palabra indica los peligros morales también. No solo los riesgos para la carne, sino también para el espíritu.[1]

La promesa de este verso tiene que ver con la tentación, lo que se halla entre nosotros y nuestro próximo pecado. Es el arma del diablo para llevarnos por rumbos que no queremos seguir. Si queremos vivir seguros y en paz, necesitamos entender un poco sobre la tentación.

Primero, es necesario establecer que somos tentados. Ser tentado no es pecado. Cristo fue tentado en todo. "Porque no tenemos un sumo sacerdote que no pueda compadecerse de nuestras debilidades, sino uno que fue tentado en todo según nuestra semejanza, pero sin pecado" (Hebreos 4:15).

Volvamos a Ernesto. Toda la noche estuvo pensando qué hacer. La tentación era casi irresistible. *¿Cómo puedo negarme?*

—pensaba, mientras iba y venía por la sala de su casa. Fue a la nevera y sacó un poco de agua. Se sentó en la mesa de la cocina mientras hablaba consigo mismo

No puedo negarme. Necesito ese dinero. No tengo fuerzas para decirle que no a mi amigo.

Son frases que todos hemos dicho en algún momento: "No tengo fuerzas para decir que no"; "Esta tentación es muy fuerte. Es más fuerte que yo". Yo ya las dije. En mi intento por esconderme de mi responsabilidad, le dije a Dios unas cuantas veces: "Es que es más de lo que puedo soportar, Señor".

El problema de las personas que intentan engañarse a sí mismas con ese tipo de excusa es que ante la Biblia las excusas pierden toda su fuerza. La Escritura es muy clara respecto a la tentación. "No os ha sobrevenido ninguna tentación que no sea humana; pero fiel es Dios, que no os dejará ser tentados más de lo que podéis resistir, sino que dará también juntamente con la tentación la salida, para que podáis soportar" (1 Corintios 10:13).

Ante un solo verso de la Biblia todas nuestras excusas caen por tierra. El apóstol Pablo nos dice aquí dos verdades duras: La primera es que tú solo, con las fuerzas que tienes, con tu poder de decisión personal, eres bastante fuerte para decirle que no a la tentación. Según el apóstol Pablo, Dios jamás permitirá que una tentación llegue a ti que no la puedas soportar. Tú y yo podemos tener éxito frente a todas las tentaciones que nos acosen. Podemos decirle NO a todo y a todos. Esa es la promesa de Dios para ti, ahora mismo.

Pero no se detiene ahí. Dios no solo no dejará que seas tentado más allá de lo que puedas soportar, sino que también mandará fuerzas especiales del cielo para ayudarte en los momentos de tentación. Él te guarda, te vigila, te da fuerzas para salir triunfante en contra de todo. Dios te guarda del poder del mal, te da fuerzas para enfrentar todas las tentaciones de la vida. Dios está contigo.

El teléfono de Ernesto vibró con la llegada de un mensaje de texto. Era su amigo, recordándole su propuesta. Necesitaba su respuesta por la mañana. Era un buen dinero, era tentador.

Ernesto entonces comenzó a hacer lo que casi todos hacemos y que es la razón del porqué fallamos y caímos en tentación. Comenzó a evaluar los pros y los contras, a dialogar con la tentación.

Dios quiere ayudarnos y protegernos, nos da todos los recursos para obtener la victoria, nos abre todas las puertas del éxito, pero aun así fallamos. ¿Por qué? Una de las razones de nuestras caídas es porque gastamos mucho tiempo dialogando con la tentación. Intentamos convencernos de que no se trata de una gran falta, de que no estaría tan mal.

Cada día recibo un sinfín de mensajes de personas que me preguntan si es malo hacer tal cosa. Creo que la gran mayoría de esas personas sabe la respuesta, pero aun así preguntan. Quieren encontrar una manera de que el pecado no sea pecado, encontrar un modo de tener la conciencia en paz o de echarle la culpa a otro si las cosas llegan a salir mal. Dialogar con el pecado no es una buena opción. El pecado entró en la tierra precisamente porque nos pusimos a dialogar con él: Eva con la serpiente, Adán con sus pensamientos. Recuerde siempre que "parlamentando (hablando) con el enemigo, le damos ventajas".[2]

Otra de las razones de nuestras caídas es que nos ponemos en el camino de la tentación sin necesidad. Nuestro pecado no es solo un pecado, es una adicción, y porque es una adicción lo buscamos incansablemente. Buscamos maneras de alcanzarlo, al mismo tiempo que buscamos maneras de que no suene tan malo o no se vea tan pecaminoso.

La dura y triste realidad es que pecamos porque elegimos pecar. No importa el nombre que le pongamos o cómo lo miremos, el pecado es pecado.

Un caballero que tenía sobrepeso, cada mes inventaba una nueva dieta. Comenzaba los lunes y terminaba los miércoles.

Nunca duraba mucho en sus búsquedas de una vida sana. Un día llegó a la oficina y reunió a todos sus colegas para decirles algo importante.

—Estoy haciendo cambios en mi vida. Les pido que no me inviten a comer, ni me ofrezcan nada que no sea saludable. Necesito mejorar, y voy a mejorar con la ayuda y las oraciones de todos.

*Una de las razones de nuestras caídas es porque gastamos mucho tiempo dialogando con la tentación.*

Se escuchaba más decidido que nunca antes, más enfocado en su meta. Todos los colegas aplaudieron su decisión. Pasaron dos semanas y el caballero seguía firme en su resolución.

Un día no llegó al trabajo. Los colegas se preocuparon, pues era puntual y responsable. Le llamaron por teléfono, y no respondió. Por fin, casi 45 minutos después, llegó con una caja de donas en las manos y el rostro manchado por el azúcar glas de una dona rellena de jalea de fresa. Todos los colegas lo rodearon.

—¿Qué pasó con la dieta? —preguntaron a una voz.

—Esto es una respuesta de Dios a mis oraciones —dijo con gran convicción. Esta mañana le dije a Dios que quería comer una dona rellena de fresa. Dios conoce mi corazón. Le dije que, si encontraba un lugar para estacionarme frente a la panadería del centro de la ciudad, entendería que era su santa voluntad que me comiera una dona.

—¿Y nos vas a decir que a esta hora encontraste estacionamiento en el lugar con más tráfico de la ciudad? —preguntaron los amigos.

—Así es, porque así es la voluntad de Dios. ¡Después de dar casi treinta vueltas a la manzana, encontré lugar!

¿Te das cuenta del problema? Pecamos porque queremos, porque elegimos hacerlo; no porque la tentación sea más fuerte que nosotros, sino porque la buscamos. Por eso la promesa del salmista se extiende hacia el futuro.

"Jehová te guardará de todo mal, él guardará tu alma". La palabra para alma usada por el salmista es el término hebreo *nephesh*, que abarca todo lo que es el ser humano: lo físico y lo espiritual. En otras palabras, la promesa es que Dios te va a ayudar a enfrentar la fuerza del mal y también la consecuencia del mal.

*Porque sabe que vamos a pecar, Dios nos deja una salida extra: el perdón.*

Lo ideal es que no pequemos, pero Dios sabe que para nosotros es imposible no pecar. "Hijitos míos, estas cosas os escribo para que no pequéis; y si alguno hubiere pecado, abogado tenemos para con el Padre, a Jesucristo el justo" (1 Juan 2:1). Porque sabe que vamos a pecar, Dios nos deja una salida extra: el perdón. Dios sabe que fallamos. Sabe que, aunque hagamos promesas y pactos, al fin vamos a pecar. Conocedor de la naturaleza humana, sabedor de nuestras fallas, Dios nos abre una nueva avenida de bendición.

Para que seas feliz, debes aprender que el perdón de Dios está siempre disponible para ti. No importa cuán lejos hayas llegado, no importa cuán bajo hayas caído, el perdón de Dios está a tu disposición a toda hora.

Ernesto luchaba con la tentación. Sentía que poco a poco iba cediendo terreno al mal, que perdía el control. En su corazón quería hacer lo que era bueno, pero su mente lo engañaba. Intentaba convencerse de que era por una causa justa, que una sola vez no le haría tanto daño.

El pecado es diabólico, y siempre nos hará daño, pero Dios en su infinita misericordia nos deja una última solución: acudir a él de todo corazón. "Me buscaréis y me hallaréis, porque me buscaréis de todo vuestro corazón" (Jeremías 29:13). "Si confesamos nuestros pecados, él es fiel y justo para perdonar nuestros pecados, y limpiarnos de toda maldad" (1 Juan 1:9).

Si te sientes como Ernesto, acude a Dios. Si estás presionado por la tentación o hundido en el pecado, grita llamando a Jesús. El pecado te puede derrotar ahora, pero en Jesús tenemos la victoria. El pecado puede hacerte sentir pequeño, pero en Cristo podemos ser más que victoriosos.

La promesa de Dios para el peregrino cansado es que nunca estará solo y abandonado. Esa misma promesa es también para nosotros. No estamos solos ni abandonados. El guarda de Israel tiene nuestra vida en sus manos y quiere darnos la victoria.

Ernesto estaba desesperado. Era de madrugada y el seguía despierto, sin saber qué hacer. No se resignaba a la idea de hacer algo ilegal, pero no sabía por dónde ir. Amaba a su esposa más que todo, quería darles buen ejemplo a sus hijos, pensaba en su princesa. En la soledad de la noche, sentado en el sofá de su casa, puso la cabeza entre las manos y comenzó a llorar.

Ernesto no era religioso. Había sido criado como católico, pero ya no recordaba cómo rezar. No hay fórmula para la oración. Consiste solo en hablar con Dios. No se requiere formalidad o algún otro tipo de procedimiento. En su dolor, Ernesto habló con Dios. Sentía que estaba en medio de una tormenta implacable. Así como los discípulos en la barca, Ernesto oró: "Señor, sálvame". "Nunca dio un alma expresión a este clamor sin que fuese oído".[3] En medio de la tormenta, entre el fragor de los truenos, en medio del ruido de tus dudas, empapado por la lluvia interminable de tu aflicción, Dios está contigo y te escucha. Jamás te dejará sin respuesta.

Ernesto alzó la mirada y junto al televisor vio una caja de un DVD con un título escrito: "Paz para vivir". A él no le atraían esos materiales, pero esta era una situación única. Prendió el televisor e introdujo el DVD. Se oyó una voz y se quedó escuchando. Era una grabación de una serie de predicaciones mías. Algunas personas me han dicho que mi voz es buena para dormir a la gente, pero esa madrugada el Espíritu Santo utilizó mi voz para despertar en el corazón de Ernesto la certeza de que no estaba solo y de que Dios tenía la solución para sus problemas.

# Ser feliz

*Si* deseas ser feliz y avanzar en la vida, debes aprender la importancia de un compromiso con Dios.

El sol salió anunciando un nuevo día. Ernesto miró por la ventana el sol que salía imponente, majestuoso. La esperanza brillaba en su mirada. No sabía cómo, pero sabía que Dios le daría la solución. Le avisó a su amigo que no trabajaría con él, y le pidió que no lo buscara más. Ernesto había dado el paso de fe.

Al rato, su esposa llegó a la cocina y se asustó al verlo despierto.

—¿No dormiste? —le preguntó ella.

—No pude —respondió.

Entonces le contó todo lo que había pasado y le habló de su desesperación, le dijo que había caminado por la sala toda la noche, hasta que miró esos discos.

—¿De dónde sacaste eso? —preguntó con curiosidad.

—La vecina me los regaló. Dice que ese pastor va a hablar en su iglesia y me invitó a ir. ¿Quieres ir?

—Vamos.

El sábado por la mañana llegué a esa iglesia a predicar. Estaba en la oficina pastoral cuando Ernesto entró, acompañado de su esposa, sus hijos y los vecinos. Nos saludamos.

—Usted es el culpable de que yo esté aquí —me dijo.

—¿Y cómo es eso? —le pregunté con una sonrisa de curiosidad.

—En la peor noche de mi vida, usted habló conmigo. Dígame: ¿Qué más tengo que hacer?

Ernesto entendió que la felicidad no viene de no tener problemas o solo de escuchar. Entendió que debía tomar una decisión. Debía comprometerse con Dios. Esa semana tuve el privilegio de bautizar a Ernesto y a toda su familia.

Permíteme decirte: Dios está contigo. Si deseas ser feliz y avanzar en la vida, debes aprender la importancia de un compromiso con Dios. A Ernesto le funcionó la decisión. Tuvo paz para enfrentarse a los problemas, y al fin consiguió un buen trabajo.

El compromiso con Dios no consiste solo en ser miembro de una iglesia, tiene que ver con elegir *estar* con él, seguro de que "Jehová te guardará de todo mal, él guardará tu alma". Siempre.

---

1. John D. Barry *et. al.*, *Faithlife Study Bible* (Bellingham, Washington: Lexham Press, 2012, 2016), Psalm 121:6.

2. Elena G. de White, *El Deseado de todas las gentes* (Mountain View, California: Pacific Press Publishing Association, 1955), p. 95.

3. *Ibíd.*, p. 302.

## Preguntas para reflexionar

1. ¿Cuál es la promesa del Salmo 121 que se analiza en este capítulo?

2. ¿A que dimensión de la vida se refiere esta promesa?

3. ¿La tentación es pecado? Explique su respuesta.

4. ¿Por qué pecamos? Explique su respuesta.

5. ¿Cómo nos trata Dios si confesamos nuestros pecados?

# Capítulo 8

# Dios estará siempre contigo

Este último capítulo es un tributo a una dama muy especial. He tenido el honor de conocer mucha gente, personas que influyeron en mí de manera positiva. Su ejemplo, sus acciones, sus discursos, moldearon mucho mi carácter y mi manera de ser, pero ninguna de esas personas me impactó tanto como mi madre. Esa dama es una guerrera, una batalladora. El último verso del salmo 121 es la descripción perfecta de su vida. "Jehová guardará tu salida y tu entrada desde ahora y para siempre" (vers. 8).

Permíteme explicar el texto. Primero, recuerda que nada de lo que se escribió en la Biblia está ahí por casualidad. La forma y el orden tienen su importancia. Observa que se dice que la bendición se otorga desde la salida hasta la entrada, y no al revés. El orden de las palabras salida y entrada denota que la bendición de Dios es para los que salen a las batallas de la vida y no al revés. Si el salmo dijera que la bendición va de la entrada a la salida, entonces la idea sería que la bendición es para los que se encierran en casa sin enfrentar los desafíos de la vida, o para los que ya vienen victoriosos de regreso de la batalla.

Algunos consideran que este verso era un grito de los reyes antes de salir a la batalla. Otros registros de costumbres de los tiempos bíblicos dicen que este verso estaba colgado en la puerta de la casa de los judíos, y que antes de salir, tocaban ese texto y lo recitaban como si fuera una oración. Si quieres ser feliz, tienes que estar dispuesto a salir al campo de batalla, a enfrentar los desafíos. Ninguna batalla se gana sentado en casa temiendo encontrarse con el gigante. Esa fue una de las más grandes lecciones que aprendí de mi madre.

Mi madre viene de una familia con una dinámica complicada,

y a causa de todas esas complicaciones, ella nunca pudo llevar su vida académica de manera regular, aunque si hay algo que siempre le gustó desde su niñez fue estudiar, leer, conocer. "El conocimiento te hace libre, y te da la oportunidad de viajar por todo el universo de la imaginación", dice mi madre.

A los veinte años, mi madre no había terminado la primaria, pero ya era novia de mi padre. Se casaron y comenzaron su servicio ministerial. Mi padre es pastor, y su primer trabajo después de casado fue

*Recuerda que nada de lo que se escribió en la Biblia está ahí por casualidad.*

con los indígenas de la tribu campa en la selva de mi país. En esa región mi padre no era solo pastor. En esos tiempos y en esas condiciones uno no podía darse el lujo de ser un "pastor" solamente, así que él era enfermero, maestro, carpintero, y todo lo que fuera necesario ser. Pero eso no se aplicaba solo a él. De mi madre se esperaba el mismo grado de participación, pero diferente de mi padre, que ya era un graduado de la universidad, y mi madre no tenía ese conocimiento académico. Si alguien tenía el derecho de decir: "No puedo ayudar", era mi madre, no porque no quisiera, sino porque no tenía la preparación para hacerlo.

A temprana edad, mi madre descubrió una de las principales reglas de la felicidad: Puedes quejarte de la vida o puedes vivir la vida. El salmista expresa esa misma verdad al decir que la bendición de Jehová está con aquellos que pelean las batallas, y no rehúyen la lucha ni los desafíos.

## "Jehová guardará tu salida y tu entrada desde ahora y para siempre" (Salmo 121:8).

La mayoría de las personas sufre porque viven temerosos de que jamás serán capaces de lograr algo grande o especial. Tienen una visión muy pequeña de sí mismos, y miran los problemas de la vida como gigantes más grandes de lo que son en verdad. Vivir encerrados creyendo que somos inferiores a todo y a todos es lo que detiene la felicidad de muchos. Cuántas veces, al hablar con algunas personas los he escuchado decir que no se creen capaces para determinada posición o que son demasiado débiles para enfrentar cierto desafío.

Puede ser que seamos demasiado pequeños para enfrentarnos a las batallas que están delante de nosotros, puede que el desafío de verdad sea muy grande, pero tenemos una promesa inquebrantable e infalible: Dios está con nosotros. Me acuerdo del día que me pidieron que escribiera este libro. Me acuerdo que tuve unas cuantas pesadillas sobre este tema. *¿Será que lo voy a lograr? ¿Será que tendré algo que decir en 96 páginas? ¿Será que la gente lo va a leer, o se van a desanimar en el primer capítulo?* (Gracias por estar a punto de terminar este librito).

La señora Sara se arrojó a ese océano de desafíos. Comenzó a enseñar en la escuelita para aborígenes. Daba clases de todo. Si algo no sabía, lo inventaba. Fueron tres años de esfuerzo. Creía que Dios estaba con ella y que la prosperaría en todo lo que emprendiera.

Pasaron los años. Mi padre fue invitado a trabajar en Brasil. Otra cultura, otro idioma, y muchos otros desafíos. Ya no eran los dos solos, ahora tenían cuatro hijos. No sé cómo mi madre sobrevivió a los cuatro hijos, pero sobrevivió. Si la salvación fuera por obras, ¡mi madre estaría entre los salvos!

Cuando los cuatro hijos ya estábamos en la escuela, mi madre pensó que sería una buena idea avanzar en sus estudios, pues acariciaba un gran sueño: graduarse en la universidad. Era un sueño lejano, ya que ahora no vivíamos en Perú sino en Brasil. Además de otra cultura y otro idioma, había otras estructuras académicas. Mi madre acudió al departamento de Educación de Brasil con sus documentos de la escuela de Perú. Esperaba que reconocieran sus estudios de educación primaria y le autorizaran a cursar la educación secundaria.

—Señora, lo siento mucho, pero sus documentos no sirven de nada aquí en Brasil. Si quiere tener su certificado de educación secundaria, tendrá que comenzar desde cero —dijo el funcionario del gobierno brasileño.

Mi madre salió llorando de ese lugar. Con cuatro hijos, ¿de dónde sacaría tiempo para hacer todo eso? Las dudas llenaron su mente y su corazón.

Dios bendice nuestra lucha, nuestro viaje, nuestra labor, pero la bendición de Dios no quiere decir que todo saldrá bien y que nunca tendremos problemas. Si no ponemos cuidado a ese concepto tan sencillo pero tan importante, seremos presa de la frustración y el desánimo.

> *Puede que el desafío de verdad sea muy grande, pero tenemos una promesa inquebrantable e infalible: Dios está con nosotros.*

No permitas que las barreras y los desafíos te desanimen y te roben la alegría de seguir viviendo. Las barreras y los desafíos son apenas razones para dar gloria a Dios por su ayuda. Todas las veces que te encuentres con pruebas, luchas, sufrimiento, barreras y gigantes, recuerda que Dios no te prometió una vida fácil sino su bendición en medio de la guerra. Tú ganarás esa guerra.

En ese tiempo, Brasil estaba bajo un gobierno militar que había puesto en marcha un programa masivo de alfabetización por medio de la televisión. En el periódico aparecían las clases para la semana. A las cinco de la mañana comenzaban las clases en varios canales de televisión, y los maestros ayudaban a los adultos a entender los temas. Así que a las cinco de la mañana mi madre estaba despierta, lista para las clases, con su periódico en la mano. Era la única hora en que ella podía estudiar, antes que sus cuatro "angelitos" se despertaran.

El tiempo pasó, y poco a poco mi madre fue avanzando, siempre creyendo que "Jehová guardará tu salida". Este es otro concepto de felicidad que mi madre aprendió muy pronto: Si deseas ser feliz, tienes que estar dispuesto a pagar el precio. Todo lo bueno tiene un precio. Todo lo que en verdad vale la pena es caro. La única cosa gratuita pero sublime y gloriosa es nuestra salvación, porque Cristo pagó su precio en la cruz.

Atrévete a soñar, pero toma en cuenta que con el sueño vendrá la factura que tendrás que pagar. Tienes la garantía de que Dios va contigo y que siempre te va a cuidar. Mi madre creyó en eso cada madrugada que se despertaba para estudiar.

Cuando mi hermano menor estaba en la secundaria, mi madre pudo dedicarse a estudiar casi tiempo completo. Y lo hizo con alegría. Iba a la biblioteca de Brasilia, iba a la escuela, tomaba sus exámenes, siempre con una sonrisa, con mucha alegría.

*Si Dios puso un sueño en tu corazón, debes estar seguro de que él mismo te ayudará a realizarlo.*

Al fin, mi hermano se graduó de la secundaria. Era hora de ingresar en la universidad. En Brasil, para que puedas ingresar en una universidad tienes que rendir un examen llamado *"vestibular"*. Miles y miles de jóvenes toman ese examen todos los años, pero solo quienes obtienen las mejores notas ingresan en la universidad. Si la universidad es prestigiosa, miles de jóvenes hacen el examen. Si es una universidad pública, ese número es mucho mayor, ya que estas universidades no cobran colegiatura. Mi hermano se apuntó para el examen de la Universidad Federal de Brasilia. Mi madre quería realizar su sueño de ir a la universidad también, pero no había dinero para pagar su colegiatura y la de mi hermano, así que se inscribió también en la Universidad Federal de Brasilia, una de las universidades de más difícil ingreso. Eso no le importó a la señora Sara. Creía en la promesa de que "Jehová guardará tu salida", y estaba segura de que lo iba a lograr.

Así son los que van en el nombre de Dios. Son soñadores que se atreven a pagar el precio con sudor, lágrimas y sangre. Si Dios puso un sueño en tu corazón, debes estar seguro de que él mismo te ayudará a realizarlo. Dios está contigo y te bendecirá siempre. Atrévete a soñar.

Llegó el día del examen y los dos fueron a tomarlo. Una semana después, la radio nacional de Brasil daría el resultado en vivo. Ese día, a las cinco de la tarde, comenzaron a leer los nombres de los aprobados. A esa hora, en miles de hogares de todo Brasil, la gente grita y llora. Unos de alegría por la aprobación, y otros de tristeza por el aparente fracaso.

Esa tarde, los cuatro hermanos estábamos en casa. Era la temporada de vacaciones, y mientras nos arreglábamos para salir a jugar fútbol con los amigos, escuchábamos los resultados en la radio. En Brasil se lee primero el nombre, después el apellido. Mi hermano se llama Moacyr, y su nombre "debería" venir antes del nombre de mi madre, Sara. Después de un rato, el locutor comenzó a leer los nombres que comenzaban con la letra M. Pronto llegó a los nombres que comenzaban con las letras M-O. En casa se respiraba un ambiente de suspenso y expectativa. Solo faltaba el más joven por entrar en la universidad. Ya estábamos listos para salir a jugar, y solo esperábamos oír el nombre de nuestro hermano. Al rato, el locutor comenzó a leer los nombres con M-U.

—Qué malo, Moa —le decíamos, riéndonos de él. ¿Cómo es que no apruebas para la universidad?

—Ah, cállense ustedes —dijo Moacyr, riéndose. Vámonos, que se nos hace tarde para el fútbol.

—Pero, ¿no van a esperar a ver si aprobé yo? —preguntó mamá.

—Mamita, si Moa no aprobó y está estudiando tiempo completo, no creo que tú vayas a aprobar —dijo uno de los cuatro, cuyo nombre no diré para mantener la paz en casa.

—Está bien, hijitos. Váyanse. Que Dios los bendiga.

Así siempre nos despidió nuestra madre, con la bendición que guio su vida.

Salimos de casa rumbo a la cancha de fútbol. Unos minutos después, alguien dijo:

—Oye, prende la radio y escuchemos solo para estar en paz con nuestra conciencia.

Prendimos la radio cuando el locutor comenzaba a leer los nombres con la letra S de Sara. Leyó el nombre de algunas Saras hasta que, de repente, para sorpresa y asombro de los cuatro, escuchamos la grave y fuerte voz del locutor leer un nombre muy especial: "Sara Orfilia Silva de Bullón—Aprobada".

—¡Mamá! —gritamos los cuatro. La emoción fue tan grande

que casi chocamos el auto contra un poste de luz. Gritábamos de alegría por el éxito de nuestra madre. En esos tiempos no teníamos teléfono celular, así que paramos en un teléfono público para hacer tres llamadas: a nuestros amigos, avisándoles que no llegaríamos al fútbol; a la pizzería, para ordenar unas cuantas pizzas; y, en especial, a nuestra madre.

—¡Mamá! ¡Aprobaste...!

—Sí, hijitos —contestó llorando.

—¿Y por qué lloras, mamá? —preguntamos.

—Porque estoy feliz —dijo en medio de sus lágrimas.

Están tristes, lloran. Están felices, lloran. Es mejor no intentar entender esas reacciones de las damas, creo yo.

Sueña los sueños más locos. Sueña los sueños más raros. La promesa de Dios es que él estará contigo, ayudándote a vivir y realizar cada uno de esos sueños. Dios está a tu lado en cada momento de tu vida. Ve tus lágrimas de alegría o de tristeza. Ve los hijos malcriados que tienes, ve las barreras que te estorban. Dios ve todas las cosas, y con su infinito amor grita para que todo el universo pueda escuchar: "¡Yo no te dejaré, jamás te abandonaré!"

El camino de la felicidad es largo y no tiene punto de llegada en esta tierra. La meta es el cielo. En esta tierra viviremos momentos especiales mientras seguimos en el viaje.

Aprendí eso de mi madre. Aprendí a soñar, a luchar, a creer. Aprendí que el llanto puede durar una noche, pero luego, con la luz del sol, viene la mañana. Aprendí que vale la pena arriesgarse, que vale la pena saltar en la piscina aunque no sepa nadar bien. Aprendí todo lo que escribí en las páginas de este libro.

Mi madre vivió la universidad con toda la intensidad de su corazón. En su primer año en la universidad mi madre tenía 50 años. En el salón era conocida como "la tía Sara". Al principio, los jovencitos de su salón como que no querían sentarse con ella o hacer los famosos trabajos en grupo con una señora de 50 años. Pero al rato esos jóvenes se enamoraron de su amabilidad y su cordialidad.

En los juegos de la universidad ahí estaba "la tía Sara" en la barra, gritando y alentando a su equipo. Y les llevaba su pastel de chocolate con su agua de maracuyá, para que pudieran comer antes y después del partido.

Cuando llegó la graduación, todos los jóvenes que graduaban con ella le pidieron al rector de la universidad una excepción en la tradición: que se permitiera celebrar el servicio de graduación en una Iglesia Adventista, por amor a "la tía Sara".

Durante mi servicio pastoral he tenido el privilegio de predicar en muchos lugares especiales: en estadios, en coliseos, en teatros, en iglesias. He predicado en otros idiomas y en otros continentes, pero nada me ha emocionado tanto como predicar en el culto de graduación de la Universidad Federal de Brasilia, cuando mi madre se graduó. El sueño se realizó. Dios cumplió lo prometido. La niña soñadora de Pucallpa se graduaba de una de las más importantes universidades de Brasil.

Jehová bendecirá tu salida y tu entrada. Ve en búsqueda de tus sueños. Corre tras ellos. Tu felicidad se construye conforme vas alcanzando cada uno de los sueños que Dios hace brotar en tu corazón. No tengas miedo, porque Dios está contigo.

Gracias, madre, por enseñarme eso.

## Preguntas para reflexionar

1. ¿En qué promesa del Salmo 121 está basado este capítulo?

2. ¿Qué lección encierra la declaración, "Jehová guardará tu salida"?

3. ¿Qué resultado obtienen las personas que ven los problemas más grandes de lo que son?

4. Completa la frase: "Dios no te prometió una vida _____, sino su_____ en medio de la guerra".

5. ¿Qué pensamientos le inspira la declaración final del Salmo: "Desde ahora y para siempre"?

# Conclusión

Cada una de las historias presentadas en este libro representa un aspecto de la vida: nuestro viaje como peregrinos en este mundo de dolor, pecado e injusticia. Durante cada capítulo quise compartir contigo un poco de los preciosos consejos bíblicos en relación con la felicidad plena, pues son principios que me han ayudado en los momentos más difíciles de mi vida.

Antes de terminar quisiera recordarte algo. Somos peregrinos, vamos de paso por este mundo. El cielo es nuestro destino final. Durante nuestro viaje por este mundo y esta vida, los principios expuestos en este libro te ayudarán a salir adelante.

He vivido momentos de dolor, de soledad, de incomprensión. Muchas veces he sentido que había llegado al fin. En muchas ocasiones dudé de la providencia de Dios para salvarme la vida o para sacarme de los problemas que yo mismo propicié. De esos momentos he aprendido el valor de levantar la mirada y mirar a mi Salvador. He aprendido a enfocarme en lo positivo y no en lo negativo. He aprendido a fijar la mirada en Dios como aquel que puede solucionar todos mis problemas.

En mi dolor he aprendido que mi socorro viene de Dios. No se trata de una promesa condicional. El socorro de Dios es una certeza. Dios te va a ayudar siempre, sin importar lo que eres o lo que haces. Contar con la ayuda de Dios es contar con el poder de aquel que puede todas las cosas, aquel que sabe qué hacer, que sabe la solución, y que tiene el poder de hacer lo imposible.

En este viaje por la vida he visto que es fácil resbalar y caer. Dios nos promete que nos ayudará a no resbalar, y que si resbalamos él nos levantará y nos llevará cada día de victoria en victoria. Es esa seguridad lo que me hace confiar en que Dios nunca se cansa de mí, y que siempre estará a mi lado.

Muchas veces, durante tu viaje por este mundo de dolor, tendrás dudas. Las dudas forman parte de nuestra naturaleza. Nos acompañan mientras tenemos uso de razón, y sobre todo, cuando el dolor parece más intenso de lo que podemos soportar. Una de las dudas más comunes es saber si Dios todavía se interesa en nosotros. A veces el dolor es tan intenso que podemos llegar a creer que Dios nos abandonó en medio del viaje. Seguramente ya te has sentido así. Yo ya me he sentido así.

*Si aprendemos a buscar a Dios en los días soleados de la vida, sabremos dónde encontrarlo cuando la vida esté cargada de nubes oscuras.*

Es bueno recordar que vivimos en un mundo lleno de injusticia y dolor; ese simple hecho es suficiente para hacernos sufrir y llorar. Al mismo tiempo, es importante recordar que muchas veces nos metemos en problemas por decisión propia. Nuestras malas decisiones nos llevan por caminos de dolor, y nos condenan a sufrir dolorosas consecuencias.

Aunque así sea, podemos tener la seguridad de que Dios tiene una solución gigantesca para nuestra vida. Él es como una sombra que trae paz al cansado y agobiado. La solución de Dios no siempre será la solución que quiero, pero será lo que necesito. Confiar en Dios es vital para ver la bendición de esa solución en mi vida.

En medio del viaje nos encontramos con los extremos de la vida. El sol y la luna, el día y la noche. La felicidad está en saber convivir con esos extremos, y saber cómo ajustarnos a ellos. Lo que tenemos que hacer para nuestra felicidad es aprender a buscar a Dios en cada una de esas situaciones. Si aprendemos a buscar a Dios en los días soleados de la vida, sabremos dónde encontrarlo cuando la vida esté cargada de nubes oscuras y azotada por tormentas aterradoras.

La felicidad del viajero consiste en saber que Dios está con él para protegerlo de todo mal, incluso del mal moral. La tentación no tendrá poder sobre aquel que busca refugio a la sombra de Cristo. El pecado no tendrá poder sobre aquel que lava sus ropas en la sangre del Cordero que es Jesús.

La felicidad está en saber que Dios estará conmigo todos los días de mi vida mientras me arriesgue por los caminos más difíciles que deba recorrer. Dios está a nuestro lado. No vamos solos, no hemos sido abandonados. Desde el momento en que salgas a la batalla, hasta el momento que regreses, Dios estará contigo.

*la tentación no tendrá poder sobre aquel que busca refugio a la sombra de Cristo.*

¿No es esa una buena manera de viajar? ¿No es esa una buena manera de avanzar en la vida?

Durante todo este viaje que hemos realizado juntos, he querido mostrarte lo bueno que es estar al lado de Jesús mientras seguimos nuestra peregrinación. La vida con Jesús no es perfecta, porque vivimos en un mundo imperfecto, pero cuando vamos con Cristo avanzamos seguros de que llegaremos a nuestro destino. El guarda de Israel promete que llevará a sus hijos e hijas hasta la entrada de la Nueva Jerusalén. Nosotros vamos de camino a esa Jerusalén. No a la Jerusalén física sino a la espiritual, donde el pecado y los pecadores ya no existirán.

Para terminar, quiero invitarte a seguir este viaje juntos, tú y yo, caminando paso a paso. "¿Cómo es posible eso, pastor? Yo ni sé dónde vive usted". Es que no necesitamos estar juntos físicamente. Podemos caminar juntos espiritualmente. ¿Cómo funciona eso?

Al final del libro encontrarás maneras de comunicarte con la iglesia que te lo regaló. Quizá puedas preguntarle , a quien te lo dio, qué puedes hacer para seguir juntos en este viaje que estás comenzando. Estoy seguro de que tu amigo o tu amiga con gusto te mostrará el camino. Es mucho más que ir a una iglesia. Se trata de buscar al Guarda de Israel, Dios, tu Amigo, tu Padre. Con él puedes todas las cosas. Continúa a su lado y escucharás su voz, diciéndote: ¡Alcanza tu felicidad!

# Apéndice

Este libro ha presentado las experiencias de algunos héroes de la Biblia, hombres y mujeres que conocieron a Dios y siguieron sus enseñanzas, las mismas que hoy los cristianos llamamos doctrinas y que se encuentran en las Sagradas Escrituras. A continuación, ofrecemos un resumen de las principales doctrinas bíblicas.

**1. Las Sagradas Escrituras.** Las Sagradas Escrituras, el Antiguo y el Nuevo Testamento, son la Palabra de Dios escrita, dada por inspiración divina por intermedio de santos hombres de Dios que hablaron y escribieron movidos por el Espíritu Santo (2 Pedro 1:20, 21; 2 Timoteo 3:16, 17; Salmo 119:105; Proverbios 30:5, 6; Isaías 8:20; S. Juan 10:35; 17:17; 1 Tesalonicenses 2:13; Hebreos 4:12).

**2. La Trinidad.** Hay un solo Dios: Padre, Hijo y Espíritu Santo, una unidad de tres Personas coeternas. Dios es inmortal, omnipotente, omnisciente, superior a todo, y siempre presente (Deuteronomio 6:4; 29:29; S. Mateo 28:19; 2 Corintios 13:14; Efesios 4:4-6; 1 Pedro 1:2; 1 Timoteo 1:17; Apocalipsis 14:6, 7).

**3. Dios el Padre.** Dios, el Eterno Padre, es el Creador, el Originador, el Sustentador y el Soberano de toda la creación. Él es justo y santo, compasivo y clemente, apacible y grande en amor y fidelidad (Génesis 1:1; Apocalipsis 4:11; 1 Corintios 15:28; S. Juan 3:16; 1 Juan 4:8; 1 Timoteo 1:17; Éxodo 34:6, 7; S. Juan 14:9).

**4. Dios el Hijo.** Dios, el Hijo Eterno, se encarnó en Jesucristo. Por medio de él se crearon todas las cosas, se reveló el carácter de Dios, se realizó la salvación de la humanidad, y se juzga el mundo. Jesús sufrió y murió en la cruz por nuestros pecados, fue resucitado de entre los muertos, y ascendió para ministrar en el Santuario celestial a nuestro favor. Vendrá otra vez para realizar la liberación final de su pueblo, restaurar la tierra a su condición edénica y ponerla en armonía con el universo (S. Juan 1:1-3, 14; 5:22; Colosenses 1:15-19; S. Juan 10:30; 14:9; Romanos 5:18; 6:23; 2 Corintios

5:17-21; S. Lucas 1:35; Filipenses 2:5-11; 1 Corintios 15:3, 4; Hebreos 2:9-18; 4:15; 7:25; 8:1, 2; 9:28; S. Juan 14:1-3; 1 Pedro 2:21; Apocalipsis 22:20).

**5. Dios el Espíritu Santo.** Dios, el Espíritu Santo, desempeñó una parte activa con el Padre y el Hijo en la creación, la encarnación y la redención. Inspiró a los escritores de las Sagradas Escrituras. Llenó de poder la vida de Cristo. Atrae y convence a los seres humanos; y los que se muestran sensibles son renovados y transformados por él, a la imagen de Dios. Concede dones espirituales a la iglesia (Génesis 1:1, 2; S. Lucas 1:35; 4:18; 2 Pedro 1:21; Hechos 10:38; 2 Corintios 3:18; Efesios 4:11, 12; S. Juan 14:16-18, 26; 15:26, 27; 16:7-13; Romanos 1:1-4).

**6. La creación.** Dios es el Creador de todas las cosas y reveló en las Escrituras el relato auténtico de su actividad creadora. En seis días hizo el Señor los cielos y la tierra y todo lo que tiene vida sobre la tierra, y descansó el séptimo día de esa primera semana (Génesis 1; 2; Éxodo 20:8-11; Salmo 19:1-6; 33:6, 9; 104; Hebreos 11:3; S. Juan 1:1-3; Colosenses 1:16, 17).

**7. La naturaleza del hombre.** El hombre y la mujer fueron creados a imagen de Dios, con individualidad y con el poder y la libertad de pensar y actuar. Creados como seres libres, cada uno es una unidad indivisible de cuerpo, mente y alma, pero dependiente de Dios. Cuando nuestros primeros padres desobedecieron a Dios, negaron su dependencia de él y cayeron de su elevada posición. La imagen de Dios en ellos fue desfigurada, y se volvieron mortales. Sus descendientes comparten esa naturaleza caída y participan de sus consecuencias (Génesis 1:26-28; 2:7; Salmo 8:4-8; Hechos 17:24-28; Génesis 3; Salmo 51:5, 10; Romanos 5:12-17; 2 Corintios 5:19, 20).

**8. El gran conflicto.** Toda la humanidad está involucrada en un gran conflicto entre Cristo y Satanás respecto al carácter de Dios, su ley y su soberanía sobre el universo. Ese conflicto se originó en el cielo, cuando un ser creado, dotado de libertad de elección, por exaltación propia, se convirtió en Satanás, el adversario de Dios, y condujo a la rebelión a una parte de los ángeles. Él introdujo el espíritu de rebelión en este mundo. Observado por toda la creación, este mundo se convirtió en el palco del conflicto universal, dentro del cual será finalmente reivindicado el Dios de amor (Apocalipsis 12:4-9; Isaías 14:12-14; Ezequiel 28:12-18; Génesis 3; Génesis 6-8; 2 Pedro 3:6; Romanos 1:19-32; 5:19-21; 8:19-22; Hebreos 1:4-14; 1 Corintios 4:9).

**9. Vida, muerte y resurrección de Cristo.** En la vida de Cristo, de perfecta obediencia a la voluntad de Dios, y en su sufrimiento, muerte y resurrección, Dios proveyó el único medio de expiación del pecado humano, de modo que los que aceptan esa expiación por fe puedan tener vida eterna, y toda la creación comprenda mejor el infinito y santo amor del Creador (S. Juan 3:16; Isaías 53; 2 Corintios 5:14, 15, 19-21; Romanos 1:4; 3:25; 4:25; 8:3, 4; Filipenses 2:6-11; 1 Juan 2:2; 4:10; Colosenses 2:15).

**10. La experiencia de la salvación.** En su infinito amor y misericordia, Dios permitió que Cristo se hiciese Hombre y llevara nuestra culpa, para que en él recibiésemos la justicia de Dios. Guiados por el Espíritu Santo, reconocemos nuestra pecaminosidad, nos arrepentimos de nuestras transgresiones y tenemos fe en Jesús como Señor y Cristo, como Sustituto y Ejemplo. Esta fe que acepta la salvación viene del poder de la Palabra y es el don de la gracia de Dios. Por medio de Cristo somos justificados y libertados del dominio del pecado. Por medio del Espíritu Santo nacemos de nuevo y somos justificados. Al permanecer en él participamos de la naturaleza divina y tenemos la seguridad de la salvación, ahora y en el juicio (Salmo 27:1; Isaías 12:2; Jonás 2:9; S. Juan 3:16; 2 Corintios 5:14-21; Gálatas 1:4; 2:19, 20; 3:13; 4:4-7; Romanos 3:23-26; 4:25; 5:6-10; 8:1-4, 14, 15, 26, 27; 10:17; 1 Corintios 2:5; 15:3, 4; 1 Juan 1:9; 2:1, 2; Efesios 2:5-10; 3:16-19; Gálatas 3:26; S. Juan 3:3-8; S. Mateo 18:3; 1 Pedro 1:23; 2:21; Hebreos 8:7-12).

**11. Creciendo en Cristo.** La victoria de Jesús nos da la victoria sobre las fuerzas malignas que todavía buscan controlarnos y nos permite andar con él en paz, gozo y la certeza de su amor. El Espíritu Santo ahora mora dentro de nosotros y nos da poder. Al estar continuamente comprometidos con Jesús como nuestro Salvador y Señor, somos librados de la carga de nuestras acciones pasadas. En esta nueva libertad en Jesús, somos invitados a desarrollarnos en semejanza a su carácter, en comunión diaria con él por medio de la oración, alimentándonos con su Palabra, meditando en ella y en su providencia, cantando alabanzas a él, reuniéndonos para adorar y participando en la misión de la iglesia. Al darnos en servicio amante a aquellos que nos rodean y al testificar de la salvación, la presencia constante de Jesús por medio del Espíritu transforma cada momento y cada tarea en una experiencia espiritual. (Salmo 1:1, 2; Colosenses 1:13, 14; 2:6; Lucas 10:17-20; Efesios 5:19, 20; 6:12-18; 1 Tesalonicenses 5:16-23; 2 Corintios 3:17, 18; Filipenses 3:7-14; Mateo 20:25-28; Gálatas 5:22-25; Hebreos 10:25).

**12. La iglesia.** La iglesia es la comunidad de creyentes que confiesan a Jesucristo como Señor y Salvador. Nos unimos para adorar, para la comunión, para la instrucción en la Palabra, para celebrar la Cena del Señor, para el servicio a toda la humanidad y para la proclamación mundial del evangelio. La iglesia es la familia de Dios y el cuerpo espiritual de Cristo (Génesis 12:3; Hechos 7:38; S. Mateo 16:13-20; 21:43; 28:19, 20; S. Juan 20:21, 22; Hechos 1:8; Romanos 8:15-17; 1 Corintios 12:13-27; Efesios 1:15, 23; 2:19-22; 3:8-11, 15; 4:11-15).

**13. El remanente y su misión.** La iglesia universal se compone de todos los que verdaderamente creen en Cristo; pero en los últimos días un remanente ha sido llamado, a fin de guardar los mandamientos de Dios y la fe de Jesús. Este remanente anuncia la llegada de la hora del juicio, proclama la salvación por medio de Cristo y predice la aproximación de su segundo advenimiento (S. Marcos 16:15; S. Mateo 28:18-20; 24:14; 2 Corintios 5:10; Apocalipsis 12:17; 14:6-12; 18:1-4; Efesios 5:25-27; Apocalipsis 21:1-14).

**14. La unidad en el cuerpo de Cristo.** La iglesia es un cuerpo con muchos miembros, llamados de toda nación, tribu, lengua y pueblo. Todos somos iguales en Cristo. Mediante la revelación de Jesucristo en las Escrituras, compartimos la misma fe y esperanza. Esta unidad encuentra su fuente en la unidad del Dios trino, quien nos adoptó como hijos (Salmo 133:1; 1 Corintios 12:12-14; Hechos 17:26, 27; 2 Corintios 5:16, 17; Gálatas 3:27-29; Colosenses 3:10-15; Efesios 4:1-6; S. Juan 17:20-23; Santiago 2:2-9; 1 Juan 5:1).

**15. El bautismo.** Por el bautismo confesamos nuestra fe en la muerte y en la resurrección de Jesucristo y testimoniamos nuestra muerte al pecado y nuestro propósito de andar en novedad de vida. Entonces somos aceptados como miembros por su iglesia. Por la inmersión en el agua se sigue la instrucción en las Escrituras Sagradas y la aceptación de sus enseñanzas (S. Mateo 3:13-16; 28:19, 20; Hechos 2:38; 16:30-33; 22:16; Romanos 6:1-6; Gálatas 3:27; 1 Corintios 12:13; Colosenses 2:12, 13; 1 Pedro 3:21).

**16. La Cena del Señor.** La Cena del Señor es una participación en los emblemas del cuerpo y de la sangre de Jesús, como expresión de fe en él, nuestro Señor y Salvador. La preparación incluye el examen de conciencia, el arrepentimiento y la confesión. El Maestro instituyó la ceremonia del lavamiento de pies para representar la purificación y expresar la disposición de servir uno al otro en humildad semejante a la de Cristo, y para unir nuestros corazones en amor (S. Mateo 26:17-30; 1 Corintios 11:23-30; 10:16, 17; S. Juan 6:48-63; Apocalipsis 3:20; S. Juan 13:1-17).

**17. Los dones y ministerios espirituales.** Dios concede a todos los miembros de su iglesia, en todas las épocas, dones espirituales. Otorgados por la actuación del Espíritu Santo, quien distribuye a cada miembro como le place, los dones proveen todas las aptitudes y ministerios que la iglesia necesita para cumplir sus funciones divinamente ordenadas. Algunos miembros son llamados por Dios y dotados por el Espíritu para funciones reconocidas por la iglesia en ministerios pastorales, evangélicos, apostólicos y de enseñanza (Romanos 12:4-8; 1 Corintios 12:9-11, 27, 28; Efesios 4:8; 11-16; 2 Corintios 5:18-21; Hechos 6:1-7; 1 Timoteo 2:1-3; 1 Pedro 4:10, 11; Colosenses 2:19; S. Mateo 25:31-36).

**18. El don de profecía.** Uno de los dones del Espíritu Santo es la profecía. Este don es una característica de la iglesia remaneciente y fue manifestado en el ministerio de Elena G. de White. Como la mensajera del Señor, sus escritos son una continua y autorizada fuente de verdad y proporcionan consuelo, orientación, instrucción y corrección a la iglesia (Joel 2:28, 29; Hechos 2:14-21; Hebreos 1:1-3; Apocalipsis 12:17; 19:10).

**19. La ley de Dios.** Los grandes principios de la ley de Dios son incorporados en los Diez Mandamientos y ejemplificados en la vida de Cristo. Expresan el amor, la voluntad y los propósitos de Dios acerca de la conducta y de las relaciones humanas, y son obligatorios a todas las personas, en todas las épocas. Esos preceptos constituyen la base de la relación de Dios con su pueblo y la norma del juicio (Éxodo 20:1-17; S. Mateo 5:17-20; Deuteronomio 28:1-14; Salmo 19:7-14; S. Juan 14:15; Romanos 8:1-4; 1 Juan 5:3; S. Mateo 22:36-40; Efesios 2:8-10).

**20. El sábado.** El bondadoso Creador, después de los seis días de la creación, descansó el séptimo día e instituyó el sábado para todas las personas, como recordativo de la creación. El cuarto mandamiento de la inmutable Ley de Dios requiere la observancia de este sábado del séptimo día como día de descanso, adoración y ministerio, en armonía con la enseñanza y la práctica de Jesús, el Señor del sábado (Génesis 2:1-3; Éxodo 20:8-11; 31:12-17; S. Lucas 4:16; Hebreos 4:1-11; Deuteronomio 5:12-15; Isaías 56:5, 6; 58:13, 14; Ezequiel 20:12, 20; Levítico 23:32; S. Marcos 2:27, 28).

**21. La mayordomía.** Somos mayordomos de Dios, responsables por el uso apropiado del tiempo y de las oportunidades, capacidades y posesiones, y de las bendiciones de la tierra y sus recursos que él puso bajo nuestro cuidado. Reconocemos el derecho de propiedad de parte de Dios, por medio del fiel servicio a él y a nuestros semejantes, y devolviendo los diezmos y aportando ofrendas para la proclamación de su evangelio y para la manutención y el crecimiento de su iglesia (Génesis 1:26-28; 2:15; Hageo 1:3-11; Malaquías 3:8-12; S. Mateo 23:23; 1 Corintios 9:9-14; Romanos 15:26, 27).

**22. La conducta cristiana.** Somos llamados a ser un pueblo piadoso, que piensa, siente y actúa de acuerdo con los principios del Cielo. Para que el Espíritu recree en nosotros el carácter de nuestro Señor, solo participamos en aquello que redundará en pureza, salud y alegría semejantes a las de Cristo (1 Juan 2:6; Efesios 5:1-21; Romanos 12:1, 2; 1 Corintios 6:19, 20; 10:31; 1 Timoteo 2:9, 10; Levítico 11:1-47; 2 Corintios 6:14-7:1; 10:5; 1 Pedro 3:1-4; Filipenses 4:8).

**23. El matrimonio y la familia.** El matrimonio fue divinamente establecido en el Edén y confirmado por Jesús como unión vitalicia entre un hombre y una mujer, en amoroso compañerismo. Para el cristiano, el compromiso matrimonial es con Dios y con el cónyuge, y solamente debe ser asumido entre parejas que comparten la misma fe. Respecto al divorcio, Jesús enseñó que la persona que se divorcia, a no ser por causa de fornicación, y se casa con otro, comete adulterio. Dios bendice a la familia y quiere que sus miembros se ayuden mutuamente para alcanzar la completa madurez. Los padres deben enseñar a sus hijos a amar y obedecer a Dios (Génesis 2:18-25; Deuteronomio 6:5-9; S. Juan 2:1-11; Efesios 5:21-33; 6:1-4; S. Mateo 5:31, 32; 19:3-9; Proverbio 22:6; Malaquías 4:5, 6; S. Marcos 10:11, 12; S. Lucas 16:18; 1 Corintios 7:10, 11).

**24. El ministerio de Cristo en el Santuario Celestial.** Hay un Santuario en el cielo. En él, Cristo intercede en nuestro favor, haciendo accesibles a los creyentes los beneficios de su sacrificio expiatorio ofrecido una vez en la cruz. Él es nuestro gran Sumo Sacerdote. Comenzó su ministerio intercesor luego de su ascensión. En 1844, al fin del período profético de los 2.300 días/años según el libro del profeta Daniel, inició la segunda y última etapa de su ministerio expiatorio. El juicio investigador revela a los seres celestiales quiénes de entre los muertos serán dignos de participar en la primera resurrección. También se hace manifiesto quién de entre los vivos está preparado para la traslación a su reino eterno. La terminación del ministerio de Cristo señalará el fin del tiempo de gracia para los seres humanos, antes de su segundo advenimiento (Hebreos 1:3; 8:1-5; 9:11-28; Daniel 7:9-27; 8:13, 14; 9:24-27; Números 14:34; Ezequiel 4:6; Malaquías 3:1; Levítico 16; Apocalipsis 14:12; 20:12; 22:12).

**25. El segundo advenimiento de Cristo.** El segundo advenimiento de Cristo es la bendita esperanza de la iglesia. El advenimiento del Salvador será literal, personal, visible y universal (Tito 2:13; S. Juan 14:1-3; Hechos 1:9-11; 1 Tesalonicenses 4:13-18; 1 Corintios 15:51-54; 2 Tesalonicenses 2:8; S. Mateo 24; S. Marcos 13; S. Lucas 21; 2 Timoteo 3:1-5; Hebreos 9:28).

**26. La muerte y la resurrección.** El salario del pecado es la muerte. Pero Dios, el único que es inmortal, concederá vida eterna a sus redimidos. Hasta aquel día, la muerte es un estado inconsciente para todas las personas (1 Timoteo 6:15, 16; Romanos 6:23; 1 Corintios 15:51-54; Eclesiastés 9:5, 6; Salmo 146:4; 1 Tesalonicenses 4:13-17; Romanos 8:35-39; S. Juan 5:24, 28, 29; 11:11-14 Apocalipsis 20:1-10).

**27. El milenio y el fin del pecado.** El milenio es el reinado de mil años de Cristo con sus santos, en el cielo, entre la primera y la segunda resurrección. Durante este tiempo serán juzgados los impíos muertos. Al final de ese período, Cristo con sus redimidos y la Nueva Jerusalén descenderán del cielo a la tierra. Los impíos muertos serán entonces resucitados y, con Satanás y sus ángeles, cercarán la ciudad; pero el fuego de Dios los consumirá y purificará la tierra. El universo quedará libre del pecado y de los pecadores (Apocalipsis 20; Zacarías 14:3, 4; Malaquías 4:1; Jeremías 4:23-26; 1 Corintios 6:2, 3, 9-11; 2 Pedro 2:4; 2 Tesalonicenses 1:7-9; Apocalipsis 19:17-21).

**28. La tierra nueva.** En la nueva tierra, tornada en un paraíso donde reina la justicia, Dios proveerá un hogar eterno para los redimidos y un ambiente perfecto para la vida, el amor, la alegría y el aprendizaje eternos, en su presencia (2 Pedro 3:13; Isaías 35; 65:17-25; S. Mateo 5:5; Apocalipsis 21:1-7; 22:1-5; 11:15).

# UNA INVITACIÓN PARA USTED

Si este libro ha sido de su agrado, si las historias presentadas le han resultado inspiradoras, lo invitamos a seguir explorando los principios divinos para una vida provechosa y feliz. Hay miles de congregaciones alrededor del mundo que comparten estas ideas y estarían gustosas de recibirle en sus reuniones. La Iglesia Adventista del Séptimo Día es una iglesia cristiana que espera el regreso del Señor Jesucristo y se reúne cada sábado para estudiar su Palabra.

En los Estados Unidos, puede llamar a la oficina regional de su zona o escribir a las oficinas de la Pacific Press para recibir mayor información sobre la congregación más cercana a usted. En Internet puede encontrar la página de la sede mundial de la Iglesia Adventista en www.adventist.org.

## OFICINAS REGIONALES

**UNIÓN DEL ATLÁNTICO**
400 Main Street
South Lancaster, MA 01561-1189
Tel. 978/368-8333

**UNIÓN DE CANADÁ**
1148 King Street East
Oshawa, Ontario L1H 1H8
Canadá
Tel. 905/433-0011

**UNIÓN DE COLUMBIA**
5427 Twin Knolls Road
Columbia, MD 21045
Tel. 410/997-3414 (Baltimore)
Tel. 301/596-0800 (Washington)

**UNIÓN DEL LAGO**
P.O. Box 287
Berrien Springs, MI 49103-0287
Tel. 269/473-8200

**UNIÓN DEL CENTRO**
8307 Pine Lake Road
Lincoln, NE 68516-4078
Tel. 402/484-3000

**UNION DEL NORTE DEL PACÍFICO**
5709 N. 20th Street
Ridgefield, WA 98642-7724
Tel. 360/857-7000

**UNIÓN DEL PACÍFICO**
2686 Townsgate Road
Westlake Village, CA 91361-2701
Tel. 805/413-7100

**UNIÓN DEL SUR**
3302 Research Drive
Peachtree Corners, GA 30010
Tel. 770/408-1800

**UNIÓN DEL SUROESTE**
777 South Burleson Boulevard
Burleson, TX 76028-4904
Tel. 817/295-0476